Inhaltsverzeichnis

INHALTSVERZEICHNIS

Tabellenverzeichnis

Abbildungsverzeichnis

Abkürzungsverzeichnis

AB	Abstract
BASE	Berliner Altersstudie
BGS98	Bundes-Gesundheitssurvey 1998
BMFSFJ	Bundesministerium für Familie, Senioren, Frauen und Jugend
BMG	Bundesministeriums für Gesundheit
BMI	Bundesministerium des Innern
BÄK	Bundesärztekammer
DEGS1	Studie zur Gesundheit Erwachsener in Deutschland (erste Erhebungswelle: von 2008 bis 2011)
Destatis	Statistisches Bundesamt
DGPT	Deutsche Gesellschaft für Psychoanalyse, Psychotherapie, Psychosomatik und Tiefenpsychologie e.V.
DGVT	Deutsche Gesellschaft für Verhaltenstherapie e.V.
DPtV	Deutschen PsychotherapeutenVereinigung
DSM	Diagnostic and Statistical Manual of Mental Disorders
G-BA	Gemeinsamer Bundesausschuss
GEK	Gmündner Ersatzkasse
ICD	International Statistical Classification of Diseases and Related Health Problems
KBV	Kassenärztliche Bundesvereinigung
KVn	Kassenärztliche Vereinigungen
KW	Keywords

RKI	Robert Koch-Institut
SGB V	Sozialgesetzbuch Fünftes Buch
TI	Title
WHO	World Health Organization

1 Theoretische Grundlagen

1.1. Rahmen der Arbeit

Die psychotherapeutische Versorgung ist ein Bestandteil der Gesundheitsversorgung. Aufgrund demographischer Veränderungen, welche u.a. durch die Zunahme des Anteils älterer Menschen an der Gesamtbevölkerung gekennzeichnet sind, gewinnt das Thema der Versorgung 65-Jähriger und Älterer mit Psychotherapie zusehends an Bedeutung.

Im Vergleich zu jüngeren Altersgruppen treten im Alter somatische und psychische Erkrankungen häufig gleichzeitig auf. Die Folgen dieser sogenannten Multimorbidität beeinträchtigen die Betroffenen in der Ausführung alltäglicher Aktivitäten und mindern deren Wohlbefinden sowie deren Lebensqualität. Gerade für ältere, psychisch erkrankte Menschen ist die psychotherapeutische Behandlung in Hinsicht auf die Wiederherstellung bzw. den Erhalt der Selbstständigkeit sowie die Erhöhung der Lebensqualität besonders bedeutsam.

Vergangene Untersuchungen ergeben, dass mehr als zwei Drittel der über 65-Jährigen von einer oder mehreren psychischen Störungen betroffen sind. Trotz der Bedeutsamkeit der Psychotherapie im Alter wird bisher eine Unter-bzw. Fehlversorgung sowie eine geringe Inanspruchnahme und psychotherapeutische Behandlungsrate der 65-Jährigen und Älteren berichtet.

Um den aktuellen Status quo der psychotherapeutischen Versorgungslage älterer Menschen in der Bundesrepublik Deutschland abzubilden wurde eine systematische Literaturrecherche durchgeführt. Die Bestimmung der psychotherapeutischen Versorgungslage erfolgte im Rahmen dieser Arbeit zum einen durch den Behandlungsbedarf und zum anderen durch die Inanspruchnahme einer Alterspsychotherapie. Die Zielgruppe umfasste Personen ab dem 65. Lebensjahr, welche unter psychischen Erkrankungen litten. Es sollte die Frage beantwortet werden, ob ältere Menschen bedarfsgerecht versorgt sind oder ob eine Über-, Unter- bzw. Fehlversorgung für diese Altersgruppe besteht. Darüber hinaus beschäftigte sich diese Arbeit mit der Frage, wie viele der älteren, psychisch erkrankten Menschen eine adäquate Behandlung erhalten. Eine weitere Fragestellung befasste sich mit dem Inanspruchnahmeverhalten Älterer bezüglich der Nutzung psychotherapeutischer Behandlungsangebote. Hierbei sollte speziell beantwortet werden, ob und in welchen Versorgungssektoren ältere Menschen mit psychischen Erkrankungen Therapieangebote nutzen.

Ziel dieser Recherche war die Identifikation relevanter Publikationen, welche Daten zum Behandlungsbedarf und tatsächlich erfolgten Inanspruchnahme enthalten. Da die Forschung zur psychotherapeutischen Versorgung über 65-Jähriger immer mehr in den Fokus des Interesses rückt, soll diese Arbeit einen Beitrag zur Darstellung des aktuellen Status quo der Versorgungslage älterer Menschen leisten.

Die Arbeit besteht aus fünf Abschnitten. Der erste Abschnitt beschäftigt sich mit dem Begriff des Alter(n)s, dem demographischen Wandel und dessen Folgen für die psychotherapeutische Versorgung.

Nachfolgend werden Prävalenzen zu den häufigsten psychischen Störungen im Alter vermittelt. Zudem wird ein Überblick gegeben über die verschiedenen Versorgungsebenen sowie über die an der Versorgung älterer Menschen beteiligter Arztgruppen. Darüber hinaus wird auf die Konzepte des Behandlungsbedarf und der Inanspruchnahme eingegangen sowie entsprechende Fragestellungen abgeleitet. Im zweiten Abschnitt wird das methodische Vorgehen zur Bestimmung des aktuellen Status quo der psychotherapeutischen Versorgungslage älterer Menschen ($\geq$ 65 Jahre) beschrieben. Ferner enthält dieser Teil der Arbeit Informationen zur Entwicklung der Suchstrategie und zur Selektion der Literatur. Im dritten Abschnitt werden die Ergebnisse der Literaturrecherche tabellarisch dargestellt. Anschließend werden relevante Publikationen entsprechend der Fragestellungen analysiert und zusammengefasst. Der vierte Abschnitt beschäftigt sich zunächst mit der Diskussion der Ergebnisse, in der u.a. auf die Barrieren psychotherapeutischer Versorgung eingegangen wird. Im Anschluss daran wird das methodische Vorgehen dieser Literaturrecherche diskutiert. Abschließend folgt das Fazit im fünften Abschnitt dieser Arbeit.

In der vorliegenden Arbeit wird hauptsächlich der Begriff „ältere Menschen" genutzt. Die Bezeichnung „ältere Menschen" schließt dabei Personen der Altersgruppe der 65-Jährigen und Älteren ein. Aus Gründen der vereinfachten Lesbarkeit wird für beide Geschlechter die grammatikalisch männliche Form verwendet, sofern nicht ausschließlich weibliche Personen gemeint sind.

1.2 Begriff des Alter(n)s

Ab wann beginnt *Alter*? Ein altes Sprichwort besagt: „Bei Vierzig beginnt das Altsein der Jungen, bei Fünfzig das Jungsein der Alten". Während das Alter im Volksmund ab dem 40. bzw. 50. Lebensjahr beginnt, gelten in der Wissenschaft, wie der Gerontologie, Personen der Altersgruppe der 60- bzw. 65-Jährigen als alt. Im Gesundheitswesen wird als Beginn des Alters, basierend auf der Einteilung der Weltgesundheitsorganisation (WHO), eine Altersgrenze von 65 Jahren angesetzt (Sieber, 2006).

Es gibt eine Vielzahl von Alterseinteilungen, welche zwischen den Ländern variieren und sich über die Zeit hinweg ändern (Thane, 1978). In Deutschland kommen Veränderungen der Definition des Alters bspw. aufgrund der seit Jahrzehnten angestiegenen Lebenserwartung zustande. Mit einer veränderten Definition des Alters werden weitere Differenzierungen notwendig. So wird zum Beispiel zwischen Altern als Prozess und Alter als Lebensabschnitt unterschieden (Tesch-Römer & Wurm, 2009).

Ersteres beschäftigt sich mit individuellen Veränderungsprozessen, welche über die gesamte Lebensspanne eines Menschen hinweg stattfinden. Im Rahmen dieser Arbeit wird das Letztere, das Alter als Abschnitt im Lebenslauf, von Bedeutung sein. Nach Tesch-Römer und Wurm (2009, S.12) wird „die Lebensphase Alter" wiederum in das dritte und vierte Lebensalter eingeteilt. Dabei umfasst das dritte Lebensalter die Altersgruppe der 65- bis unter 85-Jährigen, welche auch als „Junge Alte" bezeichnet werden (Tesch-Römer & Wurm, 2009, S.12).

Die Bezeichnung „alte Alte" hingegen schließt 85-Jährige und ältere Menschen ein und wird dem vierten Lebensalter zugeordnet (Tesch-Römer & Wurm, 2009, S.12). Die Alterseinteilung ist in der nachfolgenden Tabelle (1.2) abgebildet.

Tabelle 1.2:   Alterseinteilung
(Quelle: Tesch-Römer & Wurm, 2009)

Alters-abschnitt	Alter	Bezeichnung (synonyme Verwendung)
Alter	65 Jahre und älter	alte Menschen, ältere Menschen
drittes Lebensalter	65 Jahre bis unter 85 Jahre	junge Alte
viertes Lebensalter	85 Jahre und älter	sehr alte Menschen, alte Alte, Hochaltrige, Hochbetagte

Unabhängig vom chronologischen Alter und den individuellen Alterungsprozessen bilden sich in Interaktion zwischen Individuum und Gesellschaft Altersbilder heraus (Walter, 2007). Diese Bilder enthalten Vorstellungen über das Altwerden und Altsein, über zukünftige – im Alternsprozess zu erwartende – Veränderungen, Einstellungen zu Gesundheit und Krankheit, Ansichten „über Autonomie und Abhängigkeiten, aber auch Befürchtungen über materielle Einbußen und Gedanken über Sterben und Tod" (Walter, 2007, S.1). In der Gesellschaft vorherrschende, kollektive Altersbilder, sowie in einer Person selbst liegende, individuelle Altersbilder, können positiv oder negativ sein und die Inanspruchnahme psychotherapeutischer Behandlungen beeinflussen.

1.3 Demographischer Wandel

In den nächsten Jahrzehnten wird sich der Anteil älterer Menschen an der deutschen Gesamtbevölkerung weiterhin erhöhen (BMI, 2011). Der demographische Wandel, welcher durch die Veränderungen der Bevölkerungsentwicklung, der Alters- und Geschlechterstruktur sowie der ethnischen Zusammensetzung und der regionalen Verteilung der Bevölkerung gekennzeichnet ist, lässt sich auch in Deutschland beobachten (BMI, 2011). Der Prozess der Verschiebung der Altersstruktur einer Gesellschaft zugunsten des Anteils der älteren Menschen erstreckt sich über Jahrzehnte hinweg (Hoffmann, Menning, & Schelhase, 2009).

Während der Anteil der über 65-Jährigen an der Gesamtbevölkerung im Jahre 1871 noch 5% betrug, liegt er derzeitig bei 20,6%. Laut aktueller Zahlen hat sich die Altersstruktur der deutschen Gesellschaft so verschoben, dass knapp ein Viertel der Gesamtbevölkerung (circa 80,2 Millionen) 65 Jahre und älter sind (16,5 Millionen, 20,6%). Im Vergleich dazu ist der Anteil der Personen im Alter zwischen 18 und 29 Jahren mit ungefähr 11,3 Millionen (14,2%) an der Gesamtbevölkerung eher gering (Statistische Ämter des Bundes und der Länder, 2013). Die aktuelle Altersstruktur der deutschen Bevölkerung ist in Abbildung 1.3 ersichtlich.

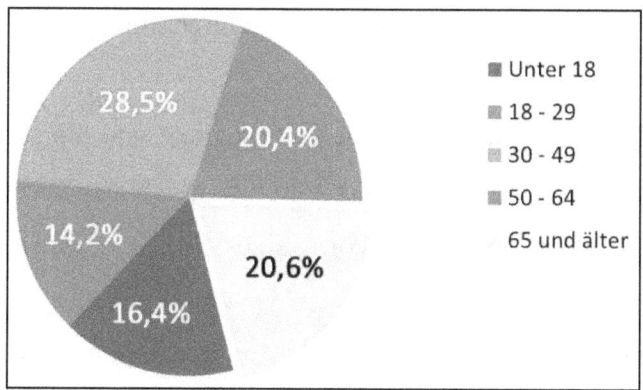

Abbildung 1.3: Die aktuelle Altersstruktur der deutschen Bevölkerung
(Quelle: eigene Darstellung, Daten: Statistische Ämter
des Bundes und der Länder, 2013)

Ein Kennzeichen der Altersstruktur der deutschen Bevölkerung ist der Familienstand. Dieser unterscheidet sich bezüglich der Altersgruppen und der Geschlechter. So ist die Ehe für 65,7% der Männer und 53,8% der Frauen im Alter von 65 Jahren und älter die zentrale Lebensform. Von den Personen ab dem 65. Lebensjahr sind circa 35% der Frauen und rund 22% der Männer verwitwet. Knapp 6% der Männer und 4% der Frauen dieser Altersgruppe sind ledig (Statistische Ämter des Bundes und der Länder, 2013).

Des Weiteren ist die Altersstruktur einerseits durch die Rückläufigkeit der Geburtenraten und andererseits durch die deutlich gestiegene Lebenserwartung gekennzeichnet (Meinck, 2003). Neben der durchschnittlichen Lebenserwartung hat sich die zu erwartende weitere Lebenszeit, die sogenannte fernere Lebenserwartung, für die ältere Bevölkerung erhöht. Dementsprechend hat ein heute 65-jähriger Mann voraussichtlich noch 17 weitere Jahre zu leben. Im Vergleich dazu hat eine Frau der gleichen Altersgruppe im Durchschnitt noch weitere 20 Jahre zu erwarten (Destatis, 2012).

In Hinsicht auf die geringe Geburtenrate und die steigende Lebenserwartung wird die pyramidenähnlich aufgebaute Bevölkerungsstruktur in Zukunft mehr die Form eines Pilzes annehmen (Lehr in Oswald, 2006). Mit Blick auf die Alterspyramide werden sinkende Geburtenzahlen aufgrund des reduzierten Anteils der unter 18-Jährigen als „Alterung von unten" (BMI, 2011, S.39) bezeichnet. Im Vergleich dazu ist die „Alterung von oben" (BMI, 2011, S.39) durch eine höhere Lebenserwartung bzw. eine sinkende Alterssterblichkeit gekennzeichnet.

Mit der 12. koordinierten Bevölkerungsvorausberechnung legte das Statistische Bundesamt (2009) verschiedene Varianten der zukünftigen Entwicklung der Geburtenzahlen und der Lebenserwartung vor. Demnach wird der Anteil älterer Menschen in Deutschland weiter steigen und im Jahre 2060 voraussichtlich 34% an der Gesamtbevölkerung betragen (Grünheid & Fiedler, 2013).

Die Folgen dieser demographischen Veränderungen sind weitreichend und betreffen neben der wirtschaftlichen und gesellschaftlichen Entwicklung auch die gesundheitliche Versorgung (BMI, 2011). Insbesondere die medizinische und psychotherapeutische Versorgung stellt aufgrund der komplexen Bedürfnisse älterer Menschen, welche beispielsweise aus gleichzeitig auftretenden somatischen und psychischen Erkrankungen hervorgehen, eine besondere Herausforderung dar (Sächsisches Staatsministerium für Soziales und Verbraucherschutz, 2010).

1.4 Psychische Störungen im Alter

Obwohl die Veränderungen der Bevölkerungsstruktur seit längerer Zeit absehbar waren, werden somatische und psychische Erkrankungen im Alter erst seit Kurzem erforscht. Die Forschergruppe um Wittchen, Jacobi und Rehm (2011) stellte fest, dass mehr als zwei Drittel der über 65-Jährigen unter einer oder mehreren klinisch bedeutsamen psychischen Störungen leiden. Mit einem Anteil von etwa 25% ist die Prävalenz psychischer Störungen im Alter „nicht höher als in jüngeren Altersgruppen" (Erlemeier, 2004, S.208, zitiert nach BMFSFJ, 2002).

Die Prävalenzraten sind jedoch „sowohl vom Alter als auch vom Geschlecht abhängig" (Kinzl, 2013, S.526). Insbesondere dementielle Erkrankungen treten mit zunehmendem Alter häufiger auf als bei Jüngeren (Zank, Peters & Wilz, 2010). Aber auch Depression und Angststörungen „sind für ältere Menschen typisch" (Kinzl, 2013, S.526). In jedem Lebensalter sind Frauen im Vergleich zu Männern öfter von psychischen Störungen betroffen (Kinzl, 2013).

Demenz. Mit einer mittleren Prävalenzrate von 7,1% ist die Demenz eine der weitverbreitetsten psychischen Erkrankungen in der Altersgruppe der 65-Jährigen und älteren Menschen (Zank, Peters & Wilz, 2010, zitiert nach Bickel, 2002). Nach Saß, Wittchen, Zaudig und Houben (2003, zitiert nach Kinzl, 2013) sind die Prävalenzraten für dementielle Störungen bei beiden Geschlechtern etwa gleich hoch und steigen mit zunehmendem Alter an. Während das Risiko an einer Form der Demenz zu erkranken in der Altersgruppe der 65- bis 70-jährigen

Frauen bei 0,8% liegt, steigt das Risiko im Alter von 90 Jahren um das 31-fache (25%) an. Bei Männern erhöht sich das Demenzrisiko um ein 35-faches (von 0,6% auf 21%) in der Alterspanne 65 bis 90 Jahre. Weitere Prävalenzraten für Demenz können der Tabelle 1.4 entnommen werden.

Tabelle 1.4: Prävalenzraten für Demenz nach Altersgruppen
(Quelle: eigene Darstellung, Daten: Kinzl, 2013)

	65- bis 70- Jährige	85- bis 90- Jährige	90- Jährige
Frauen	0,8%	14%	25%
Männer	0,6%	11%	21%

Von allen Formen der Demenz ist die Alzheimer- Krankheit mit einem Anteil von rund 67% die häufigste. Im Vergleich dazu beträgt der Anteil vaskulärer Demenzen, die auf Durchblutungsstörungen des Gehirns beruhen, 15% bis 20%. Der Rest (13% bis 18%) verteilt sich auf Mischformen und andere seltene Demenzerkrankungen. Das die Prävalenzraten für die Alzheimer- Demenz bei den Frauen etwas höher liegt als bei den Männern wird mit der höheren Lebenserwartung der Frauen in Zusammenhang gebracht. Im Gegensatz dazu treten vaskuläre Demenzen, welche mit dem Vorkommen typischer Risikofaktoren (z. B. koronare Herzkrankheit, Rauchen, Alkoholmissbrauch) assoziiert sind, bei Männern häufiger auf als bei Frauen. Jährlich erkranken zwischen 1,4 und 3,2% der Personen, die 65 Jahre und älter sind, an einer

Demenz. Dieser Anteil dementieller Erkrankungen entspricht circa 200.000 neuen Demenzfällen pro Jahr (Böhm, Tesch-Römer & Ziese, 2010, zitiert nach Robert Koch-Institut, 2005).

Depression. Neben der Demenz zählen depressive Störungen zu den häufigsten im Alter auftretenden psychischen Erkrankungen. Die Lebenszeitprävalenz, das heißt die Wahrscheinlichkeit im Laufe des Lebens an einer Depression zu leiden, liegt bei 15 bis 20% (Kinzl, 2013). Nach Erlemeier (2004) sind ungefähr 5 bis 10% der älteren Menschen ab dem 65. Lebensjahr von einer Major Depression und etwa 20% von leichteren Episoden depressiver Störungen betroffen. Subklinische Depressionen, wie dysthyme Störungen, nehmen in der Altersgruppe der 65-jährigen und älteren Menschen deutlich zu (Zank, Peters & Wilz, 2010). In der Berliner Altersstudie (BASE) lag der Anteil subklinischer Symptomatik depressiver Störungen für die Altersgruppe der 70-Jährigen und Älteren bei 18% (Böhm, Tesch-Römer & Ziese, 2009). Unter depressiven Erkrankungen mit schwerer Ausprägung hingegen leidet circa 1 bis 5% der Älteren (Weyerer & Bickel, 2007).

Kinzl (2013) zufolge kann davon ausgegangen werden, dass Erstmanifestationen schwerer affektiver Störungen nach dem 65. Lebensjahr eher selten sind. Die Wahrscheinlichkeit des Erstauftretens leichterer Formen hingegen zunimmt (Kinzl, 2013).

Angststörung. Bei knapp der Hälfte der älteren Menschen, welche unter einer Depression leiden, liegen zusätzlich Symptome einer Angststörung vor (Zank, Peters & Wilz, 2010, zitiert nach Beekman et al., 2000). Angsterkrankungen bilden somit eine weitere große Gruppe psychischer Störungen, von denen Personen ab dem 65. Lebensjahr häufig betroffen sind. Erlemeier (2004) zufolge leiden bis zu 10% der über 65-Jährigen unter Angststörungen. Annähernd doppelt so hoch ist die Prävalenz klinisch relevanter Angstsymptome, welche die Kriterien einer spezifischen Angststörung nicht erfüllen (Zank, Peters & Wilz, 2010).

Nach Schneider und Heuft (2012, zitiert nach Kinzl, 2013, S. 529) kann „nicht mit Sicherheit gesagt werden, ob die Prävalenzraten von Angststörungen und Depressionen bei älteren Menschen höher, gleich hoch oder niedriger sind als bei den jüngeren Altersgruppen".

Die Prävalenzraten deuten darauf hin, dass generalisierte Angststörungen die häufigsten aller Angsterkrankung in der Altersgruppe der über 65-Jährigen sind. Demgegenüber steht eine geringere Wahrscheinlichkeit an klassischen Phobien zu erkranken (Kinzl, 2013).

Belastungs- und somatoforme Störung. Belastungs- und somatoforme Störungen zählen mit einem Anteil von 10% ebenso zu den häufigsten, im höheren Lebensalter auftretenden psychischen Erkrankungen. Zudem leiden circa 25 bis 35% der älteren Menschen unter gestörtem Schlaf (Haupt & Vollmar, 2008).

Nach einer Studie zur Persistenz und Remission psychiatrischer Erkrankungen älterer Menschen, welche unter anderem Depression und Angststörungen untersuchte, liegt die Wahrscheinlichkeit innerhalb eines Jahres an einer Störung zu erkranken bei 19,4% (Preville, Boyer, Vasiliadis et al., 2010). Preville und Kollegen (2010) kamen zu dem

Schluss, dass das Weiterbestehen einer psychischen Störung mit einer Verschlechterung des körperlichen Gesundheitszustandes einhergeht.

In einer anderen Studie wurde das Diagnoseverhalten der Ärzte unter Einbeziehung älterer Menschen untersucht. Dabei kamen Perrig-Chiello und Hutchison (2009) zu dem Ergebnis, dass – unter Angabe gleicher Symptome – bei den Frauen mehr psychische und bei den Männern mehr somatische Erkrankungen diagnostiziert wurden. Demnach bleiben psychische Störungen bei Männern oft unerkannt und unbehandelt (Perrig-Chiello & Hutchison, 2009). Insbesondere für die Versorgung im hausärztlichen Bereich wird eine niedrige Erkennungsrate, das heißt ein geringer Anteil diagnostizierter psychischer Erkrankungen im Alter, berichtet (Rabe-Menssen, 2009).

Das Risiko, dass somatische und psychische Erkrankungen gleichzeitig auftreten, steigt mit zunehmendem Alter an (Hirsch, 2011). Steinhagen-Thiessen und Borchelt (1996) zufolge betrug der Anteil der multimorbiden, älteren Menschen rund 88%. In der Altersgruppe der 85-Jährigen und Älteren wiesen 41% der Männer und 54% der Frauen fünf und mehr Erkrankungen auf (Steinhagen-Thiessen & Borchelt, 1996).

Liegen die Folgen somatischer und psychischer Erkrankungen sowie Beeinträchtigungen in der Ausführung alltäglicher Aktivitäten im höheren Lebensalter zur gleichen Zeit vor, so wird dies unter der Bezeichnung „geriatrietypische Multimorbidität" (Sächsisches Staatsministerium für Soziales und Verbraucherschutz, 2010, S.12) zusammengefasst. Diese Multimorbidität geht mit negativen Konsequenzen einher, welche sich unter anderem „auf die Lebensqualität, den subjektiven Gesundheitszustand und die körperlichen Funktionen" auswirken (Kuhlmey, 2009, S.426). In Abhängigkeit des Ausprägungsgrades der jeweiligen Störung entstehen „Leidensdruck und Beschwernis im Alltag bis hin zur vollständigen Aufgabe von Alltagsaktivitäten und dem Auftreten von Suizidgedanken" (Böhm, Tesch-Römer & Ziese, 2009, S.52).

Die Suizidrate steigt, insbesondere bei Männern, ab dem 70. Lebensjahr „bis auf das Dreifache der Rate von jüngeren Menschen" an (Best, Lubisch & Weidhaas, 2012, S.6). Über alle Altersgruppen hinweg sterben Männer häufiger als Frauen durch Suizid (Böhm, Tesch-Römer & Ziese, 2009, zitiert nach Destatis, 2007).

Bisherige Forschungsergebnisse epidemiologischer Studien weisen darauf hin, dass die Wahrscheinlichkeit an einer psychischen Störung zu erkranken mit zunehmendem Alter steigt. Weyerer und Bickel (2007) zufolge beträgt der Anteil älterer Menschen mit psychischen Erkrankungen 25%. Folglich leidet derzeit rund ein Viertel der über 65-Jährigen unter psychischen Krankheitssymptomen (Best, Lubisch & Weidhaas, 2012). Psychotherapeutischer Behandlungsbedarf besteht bei etwa 10% der Betroffenen (Erlemeier, 2004). Dies macht eine entsprechende Versorgung psychisch erkrankter älterer Menschen erforderlich.

1.5 Versorgung: Behandlungsbedarf und Inanspruchnahme psychischer Störungen

Aufgrund dessen, dass somatische und psychische Erkrankungen mit zunehmendem Alter häufig gleichzeitig auftreten, stellt die bedarfsgerechte Versorgung der 65-Jährigen und Älteren eine der größten gesundheitspolitischen Herausforderungen dar (Kuhlmey, 2009).

Die Versorgung von Menschen mit somatischen und/ oder psychischen Erkrankungen erfolgt auf der hausärztlichen, der allgemeinen fachärztlichen, der spezialisierten fachärztlichen sowie der gesonderten fachärztlichen Ebene (§ 5, G-BA Bedarfsplanungs- Richtlinie).

Diesen vier Ebenen lassen sich verschiedene Berufsgruppen zuordnen. Der Hauptteil dieser Arbeit wird sich auf die Berufsgruppe der Psychotherapeuten beziehen, welche der allgemeinen fachärztlichen Versorgung angehören. Ein Bezug auf die hausärztliche Versorgung wird jedoch nicht ausbleiben, da dieser Berufsgruppe eine besondere Rolle im Hinblick auf den Zugang und folglich auf die Inanspruchnahme der fachärztlichen Versorgung zukommt.

Zur Berufsgruppe der Psychotherapeuten zählen zugelassene Ärzte[1] mit entsprechenden Facharztqualifikationen, Psychologische Psychotherapeuten sowie Kinder- und Jugendlichenpsychotherapeuten (BMG, 2014). Letztere, welche Personen in der Regel bis zur Vollendung des 21. Lebensjahres behandeln dürfen, finden in dieser Arbeit keine Beachtung.

---

[1] „Ärzte, die in das Arztregister nach Absatz 2 Satz 3 eingetragen sind" (SGB V, § 95, Absatz 1)

Eine genauere Differenzierung der Arztgruppe der Psychotherapeuten wird in den Richtlinien des Gemeinsamen Bundesausschusses (G-BA) zur Bedarfsplanung vorgenommen (siehe Anhang).

Psychotherapeutische Leistungen werden, im Rahmen der gesetzlichen Krankenversicherung, auf der Ebene der allgemeinen fachärztlichen Versorgung erbracht und können von Personen mit psychischen/ psychosomatischen Erkrankungen in Anspruch genommen werden.

Die Kassenleistung umfasst dabei „Behandlungsverfahren, die der Gemeinsame Bundesausschuss (G-BA) in den bis zum 31. Dezember 1998 geltenden Richtlinien über die Durchführung der Psychotherapie in der vertragsärztlichen Versorgung anerkannt hat" (SGB V, § 95; Absatz 11, 1.). Der G-BA Psychotherapie-Richtlinie entsprechende Behandlungsformen (§ 13) sind Psychoanalytisch begründete Verfahren sowie Verhaltenstherapie.

An der Sicherstellung der psychotherapeutischen Versorgung sind verschiedene Arztgruppen beteiligt, die in unterschiedlichem Ausmaß zur Verfügung stehen. Die Kapazität, das heißt das Ausmaß bzw. der Grad der Versorgung, kann u.a. mithilfe der Anzahl spezifischer Arztgruppen abgebildet werden (Ozegowski & Sundmacher, 2012).

Aktuellen Zahlen zufolge sind insgesamt 138.472 und 17.308 Psychotherapeuten an der Versorgung beteiligt. Die Gesamtzahl der Ärzte wird differenziert nach Hausärzten, deren Anteil 60.397 entspricht, und nach Fachärzten, von denen 5.420 psychotherapeutisch tätig sind. Die Arztgruppe der Psychotherapeuten untergliedert sich in Psychologische Psychotherapeuten (13.801) sowie Kinder- und Jugendlichenpsychotherapeuten (3.507) (KBV, 2011). Die Struktur der Mitglieder in den Kassenärztlichen Vereinigungen (KVn) kann der Abbildung 1.5.1 entnommen werden (siehe Anhang).

Um eine möglichst gleichmäßige Verteilung der Versorgungskapazitäten zu erreichen und somit eine bedarfsgerechte Versorgung sicherzustellen, wird vom G-BA im Rahmen der Bedarfsplanung eine Verhältniszahl – Arzt pro Einwohner – festgelegt. Auf Grundlage dieses Verhältnisses wird die Anzahl der spezifischen Arztgruppen, für eine bestimmte Region festgesetzt (§ 4, G-BA Bedarfsplanungs- Richtlinie).

Eine Ungleichverteilung der Arztgruppen könnte die Über-, Unter- bzw. Fehlversorgung einer bestimmten Region oder Bevölkerungsgruppe zur Folge haben.

Ob eine Region oder Bevölkerungsgruppe über-, unter- bzw. fehlversorgt ist, besser gesagt, ob eine bedarfsgerechte Versorgung besteht, kann auch anhand der Anzahl aufgestellter Betten, bspw. in Krankenhäusern, ermittelt werden. Die Bettenanzahl beschreibt dabei das Ausmaß der in der stationären Versorgung vorhandenen Kapazitäten. Das nachfolgende Beispiel zeigt die Anzahl der in Deutschland aufgestellten Betten im Vergleich zu Schweden.

Beispiel: Deutschland weist mit 824 aufgestellten Betten je 100.000 Einwohner die höchste Anzahl, im Vergleich zu anderen europäischen Ländern (Schweden: 276 Betten je 100.000 Einwohner), aus (KBV, 2011).

Die stationäre Versorgung, als ein Sektor, wird vom ambulanten Versorgungssektor nach den ihnen zugeordneten Einrichtungen differenziert. Dementsprechend umfasst der ambulante Sektor die Einrichtungen: Ambulanzen, Psychosoziale Beratungsstellen und Tageskliniken. Im Vergleich dazu werden dem stationären Sektor die Krankenhausbehandlung, die Psychosomatische Medizin und Psychotherapie, die Psychiatrie und Psychotherapie, die Kinder- und Jugendpsychiatrie und -psychotherapie, die Konsiliar- und Liaisonsdienste sowie die Rehabilitation zugeordnet (Robert Koch-Institut, 2008).

Bundesweit werden Personen mit psychischen/ psychosomatischen Erkrankungen, neben der ambulanten Behandlung, in den speziellen Fachabteilungen der Krankenhäuser sowie in der Rehabilitation versorgt. In der Krankenhausbehandlung beträgt der Anteil aufgestellter Betten im Fachbereich Psychiatrie und Psychotherapie 10,7% (KBV, 2011). Auf die rehabilitativen Behandlungen entfällt ein Anteil von 8,8% auf den Fachbereich Psychiatrie und Psychotherapie sowie ein Anteil von 8,4% auf die Psychotherapeutische Medizin (KBV, 2011).

Die Nutzung von Gesundheitsleistungen, wie etwa psychotherapeutischer Angebote, wird unabhängig vom Versorgungsektor als Inanspruchnahme bezeichnet (Rattay, Butschalowsky, Rommel et al., 2013). Ob und wie häufig eine Person ein solches Angebot in Anspruch nimmt, kann mithilfe der Anzahl der Arztkontakte beurteilt werden. Die Anzahl der Kontakte, die eine Person in einem bestimmten Zeitraum zu einem Arzt hat, ist eine Möglichkeit zur Feststellung des Behandlungs-

respektive Versorgungsbedarfs (Ozegowski & Sundmacher, 2012; van den Bussche, Niemann, Kaduszkiewicz et al., 2013). Im Rahmen dieser Arbeit erfolgt die Bestimmung der psychotherapeutischen Versorgungslage zum einen durch den Behandlungsbedarf und zum anderen durch die Inanspruchnahme einer Alterspsychotherapie.

Bisherige Studienergebnisse zeigen, dass die häufige Inanspruchnahme vertragsärztlicher Versorgung mit psychologischen, psychosozialen bzw. psychiatrischen Störungen assoziiert ist (van den Bussche, Niemann, Kaduszkiewicz et al., 2013). Nach Davison, Neale und Hautzinger (2007) leiden über 20% der über 65-Jährigen unter psychischen Problemen. Dies bedeutet nicht, „dass alle diese Personen psychotherapeutischen Behandlungsbedarf haben" (Zank, Peters & Wilz, 2010, S.227). Erlemeier (2004) zufolge liegt der Anteil älterer Menschen, die unter einer behandlungsbedürftigen psychischen Erkrankungen leiden, bei circa 10%. Von den betroffenen 65-Jährigen und Älteren befinden sich jedoch lediglich 1 bis 1,5% in psychotherapeutischer Behandlung (Zank, Peters & Wilz, 2010, zitiert nach Heuft, 2006).

1.6 Frage- und Zielstellung

Die Folgen des demographischen Wandels, welcher u.a. durch eine veränderte Alters- und Geschlechtsstruktur charakterisiert ist, betreffen auch die psychotherapeutische Versorgung. Mehr als zwei Drittel der über 65-Jährigen sind von einer oder mehreren psychischen Störungen betroffen (Wittchen, Jacobi & Rehm, 2011). Etwa 10% dieser Störungen, unter denen ältere Menschen leiden, sind behandlungsbedürftig (Erlemeier, 2004). Bisher steht dieser Anteil psychisch erkrankter Älterer einer psychotherapeutischen Behandlungsrate von 1 bis 1,5% gegenüber (Zank, Peters & Wilz, 2010, zitiert nach Heuft, 2006).

Der aktuelle Status quo der psychotherapeutischen Versorgungslage älterer Menschen in der Bundesrepublik Deutschland soll, auf Grundlage des Verhältnisses des Behandlungsbedarfs zur tatsächlich erfolgten Inanspruchnahme, mithilfe einer systematischen Literaturrecherche ermittelt werden. Im Rahmen dieser Arbeit sollen folgende Fragen beantwortet werden:

- Wie ist die aktuelle psychotherapeutische Versorgungslage älterer Menschen in Deutschland?

- Wie viele ältere Menschen mit psychischen Erkrankungen erhalten eine adäquate Behandlung?

- Wie sieht das Inanspruchnahmeverhalten älterer Menschen bezogen auf die psychotherapeutische Behandlung aus?

- In welchen Versorgungssektoren werden psychotherapeutische Angebote von älteren Menschen mit psychischen Erkrankungen in Anspruch genommen?

Es sollen Kenntnisse über die aktuelle Lage der Versorgung älterer Menschen mit Psychotherapie gewonnen sowie Aussagen über das Inanspruchnahmeverhalten dieser Altersgruppe ($\geq$ 65 Jahre) getroffen werden.

2 Methodisches Vorgehen

In diesem Abschnitt wird das methodische Vorgehen zur Bestimmung des aktuellen Status quo der psychotherapeutischen Versorgungslage älterer Menschen ($\geq$ 65 Jahre) beschrieben. Die Versorgungslage wird im Rahmen dieser Arbeit zum einen durch den Behandlungsbedarf und zum anderen durch die Inanspruchnahme psychotherapeutischer Leistungen definiert. Dieser Definition entsprechend wurde eine systematische Literaturrecherche durchgeführt, welche aus einer Datenbankrecherche sowie einer manuellen Referenzprüfung bestand.

2.1 Ziel

Diese systematische Literaturrecherche soll den aktuellen Status quo der psychotherapeutischen Versorgungslage älterer Menschen in Deutschland abbilden.

Um die aktuelle Lage der stationären, teilstationären und ambulanten psychotherapeutischen Versorgung älterer Menschen darzustellen, sollen bspw. epidemiologische Daten, wie Prävalenzen, zum Behandlungsbedarf und tatsächlich erfolgter Inanspruchnahme identifiziert werden.

2.2 Zielgruppe

Die Zielgruppe umfasst Personen ab dem 65. Lebensjahr, welche unter einer oder mehreren klinisch bedeutsamen psychischen Erkrankungen leiden. Die Auswahl dieser Altersgruppe erfolgte in Anlehnung an die WHO, welche Alter ab dem 65. Lebensjahr definiert.

2.3 Datenbankrecherche

Zur Identifikation relevanter Daten zum Behandlungsbedarf und erfolgter Inanspruchnahme wurde eine systematische Literaturrecherche in ausgewählten Datenbanken durchgeführt.

Im Rahmen dieser systematischen Literaturrecherche wurden die Datenbanken der Fachgebiete der Psychologie (PsycARTICLES, PsycINFO, PSYNDEX), der Medizin (The COCHRANE-Library, MEDLINE, LILACS) sowie eine fächerübergreifende Datenbank (Web of Science) genutzt. Alle genannten Datenbanken wurden zur Identifikation geeigneter Literatur eingeschlossen, da diese Publikationen der zu untersuchenden Fragestellung enthalten.

Die Datenbankrecherche fand in den Kategorien Title (TI), Abstracts (AB) und Keywords (KW) statt. Dabei wurde der Suchraum auf die Sprachen Deutsch und Englisch begrenzt. Die Suche wurde am 13.02.2014 letztmalig aktualisiert.

2.4 Manuelle Referenzprüfung

In Ergänzung zu der Datenbankrecherche fand eine manuelle Referenzprüfung, bestehend aus der Handsuche I und der Handsuche II, statt. Die Handsuche I und II dienten dazu, die Datenbankrecherche zu komplettieren und weitere Daten zur Beantwortung der Fragestellungen zu identifizieren. Der Suchraum der manuellen Referenzprüfung wurde, entsprechend der Suche in den Datenbanken, auf die Sprachen Deutsch und Englisch begrenzt. Der Zeitraum der Handsuche I und II erstreckte sich bis zum 27.02. 2014.

2.4.1 Handsuche I: elektronische Journale

Zur Identifikation weiterer Daten wurden Journale themenrelevanter Bereiche, wie Gerontologie, Geriatrie und Versorgung, durchsucht. Ergänzend zur Suche in bekannten internationalen Journalen, fand eine Prüfung fachspezifischer Zeitschriften mit Bezug auf die Fragestellungen statt. In folgenden Journalen wurde recherchiert:

- (J01) Zeitschrift für Gerontopsychologie & -psychiatrie
- (J02) Zeitschrift für Gerontologie und Geriatrie
- (J03) Journal für Psychologie
- (J04) Zeitschrift für Psychologie / Journal of Psychology
- (J05) Zeitschrift für Psychiatrie, Psychologie und Psychotherapie (ZPPP)
- (J06) German Journal of Psychiatry
- (J07) GeroStat Report Altersdaten
- (J08) Geriatrie-Journal
- (J09) Geriatrie News
- (J10) Versorgungsforschung aktuell
- (J11) Clinical Psychology & Psychotherapy
- (J12) Psychogeriatrics
- (J13) Counseling & Clinical Psychology Journal
- (J14) Developmental Psychology
- (J15) GeroPsych: The Journal of Gerontopsychology and Geriatric Psychiatry
- (J16) Health Psychology Research
- (J17) Journal of Clinical Geropsychology
- (J18) Psychology and Aging
- (J19) International Journal of Geriatric Psychiatry
- (J20) Gerontology (formerly: Gerontologia)
- (J21) Current Gerontology and Geriatrics Research

- (J22) Geriatrics
- (J23) Geriatrics & Gerontology International
- (J24) Internet Journal of Geriatrics and Gerontology, The
- (J25) Journal of Clinical Gerontology and Geriatrics
- (J26) Gerontologist, The
- (J27) Geriatric Mental Health Care
- (J28) Health Care Management Review
- (J29) Health Care Management Science
- (J30) Healthcare : The Journal of Delivery Science and Innovation
- (J31) Zeitschrift für Evidenz, Fortbildung und Qualität im Gesundheitswesen
- (J32) European Journal of Geriatrics

2.4.2 Handsuche II: Suchmaschinen, Suche in Publikationslisten

Im Anschluss an die Datenbankrecherche und die Handsuche I fand abschließend die Handsuche II statt. Diese Handsuche bestand aus einer zweiten Literaturrecherche sowie einer Suche in den Publikationslisten bereits recherchierter Suchergebnisse.

Für die zweite Literaturrecherche wurde die Suchmaschine „Google Scholar" sowie der Online-Informationsdienst „Springer Link" genutzt. Dabei wurden Webseiten verschiedener Institutionen, wie die des Bundesministeriums für Gesundheit (BMG), durchsucht. Anschließend fand eine Suche in den Publikationslisten der nachstehenden Bücher, Themenhefte und Artikel statt:

Böhm, K., Tesch-Römer, C., & Ziese, T. (Hrsg.). (2009). In Beiträge zur Gesundheitsberichterstattung, Gesundheit und Krankheit im Alter. Berlin: Robert-Koch-Institut.

Kruse, J., & Herzog, W. (2012). Zwischenbericht zum Gutachten: Zur ambulanten psychosomatischen/psychotherapeutischen Versorgung in der kassenärztlichen Versorgung in Deutschland – Formen der Versorgung und ihre Effizienz. Berlin: Kassenärztliche Bundesvereinigung.

Maercker, A. (Hrsg.). (2002). Alterspsychotherapie und klinische Gerontopsychologie. Berlin: Springer.

Meinck, M. (2003). Rehabilitation im Alter. Eine empirische Untersuchung ambulanter geriatrischer Rehabilitationsmaßnahmen. Unveröffentlichte Dissertation, Technische Universität Berlin.

Oswald, W. D., Lehr, U., Sieber, C., Kornhuber, J. (Hrsg.). (1991). Gerontologie: Medizinische, psychologische und sozialwissenschaftliche Grundbegriffe. Stuttgart: Kohlhammer.

Robert Koch-Institut (2008). Beiträge zur Gesundheitsberichterstattung, Psychotherapeutische Versorgung. Berlin: Robert-Koch-Institut.

Robert Koch-Institut (2010). Beiträge zur Gesundheitsberichterstattung, Depressive Erkrankungen. Berlin: Robert-Koch-Institut.

Robert Koch-Institut (2012). Beiträge zur Gesundheitsberichterstattung KOMPAKT, Demografische Alterung und Folgen für das Gesundheitswesen. Berlin: Robert-Koch-Institut.

Weyerer, S., & Bickel, H. (2007). Epidemiologie psychischer Erkrankungen im höheren Lebensalter. Stuttgart: Kohlhammer.

Willkomm, M. (2013). Praktische Geriatrie: Klinik - Diagnostik - Interdisziplinäre Therapie. Stuttgart: Georg Thieme Verlag.

Wittchen, H.-U., & Hoyer, J. (Hrsg.). (2006). Klinische Psychologie und Psychotherapie. Berlin: Springer.

Zank, S., Peters, M., & Wilz, G. (2010). Klinische Psychologie und Psychotherapie des Alters. Stuttgart: Kohlhammer.

Die Handsuche II bildete somit den Abschluss der Literaturrecherche, welche zur Beantwortung der Frage nach der aktuellen Lage der psychotherapeutischen Versorgung älterer Menschen in Deutschland durchgeführt wurde.

2.5 Beschreibung der Suchstrategie

Vor Beginn der Recherche bestand die Notwendigkeit der Entwicklung einer Suchstrategie, welche in den verschiedenen Datenbanken sowie in der manuellen Referenzprüfung systematisch angewendet werden konnte.

Zunächst wurden einzelne Themenbereiche der Suchstrategie aus dem Titel dieser Arbeit und den daraus resultierenden Fragestellungen abgeleitet. Dementsprechend umfasste die Suchstrategie die vier Themenbereiche „Versorgung/ Behandlung", „Inanspruchnahme", „psychische Störung" und „Alter". Jeder einzelne Themenbereich bestand aus Suchbegriffen, deren Zusammenstellung sich an themenrelevanten Artikeln und Büchern orientierte. So diente das *Lehrbuch der Gerontopsychosomatik und Alterspsychotherapie* von Heuft, Kruse und

Radebold (2006) als Grundlage für die Suchbegriffe „Versorgung/ Behandlung". Für die „Inanspruchnahme" wurden die Suchbegriffe in Anlehnung an den Artikel *Die Bedeutung psychischer Beschwerden für die medizinische Inanspruchnahme und das Krankheitsverhalten Älterer* (Glaesmer, Gunzelmann, Martin, Brähler & Rief, 2008) gewählt. Die Suchbegriffe für „psychische Störung" sind dem Lehrbuch *Epidemiologie psychischer Erkrankungen im höheren Lebensalter* (Weyerer & Bickel, 2007) entlehnt. Für das „Alter" orientierte sich die Erstellung der Suchbegriffe am Themenheft *Gesundheit und Krankheit im Alter* (Böhm, Tesch-Römer & Ziese, 2009).

In Ergänzung zu dieser Literatur wurden, unter Zuhilfenahme des Thesaurus der Datenbanken PsycARTICLES, PsycINFO und PSYNDEX, die Suchbegriffe einzelner Themenbereiche um Synonyme erweitert. Für die einzelnen Themenbereiche wurden ausschließlich englischsprachige Suchbegriffe verwendet.

Entsprechend verschiedener Kriterien wurden Einschränkungen gewählt, um das Thema einzugrenzen (Abschnitt 2.7). Demnach sollten jüngere Altersgruppen (< 65 Jahre) keine Beachtung finden, da das Mindestalter der zu untersuchenden Zielgruppe 65 Jahre entspricht. Zudem sollten medizinische respektive somatische Erkrankungen nicht berücksichtigt werden, weil der Fokus dieser Arbeit auf psychischen Erkrankungen liegt. Des Weiteren fand eine regionale Begrenzung auf den Raum Deutschland statt. Eine zusätzliche Einschränkung auf anerkannte psychotherapeutische Behandlungsverfahren wurde gewählt, um Therapieangebote, wie bspw. Online-, Musik- oder Bewegungstherapien, auszuschließen. Weiterhin wurden, unter Berücksichtigung der Aktualität der Fragestellung, nur Treffer bzw. Publikationen ab dem Jahr 2005 berücksichtigt. Zudem wurde der Suchraum auf die Sprachen Deutsch und Englisch begrenzt.

Die Verknüpfung der Suchbegriffe erfolgte innerhalb einzelner Themenbereiche mithilfe der Disjunktionen "OR". Im Vergleich dazu wurden die Suchbegriffe über die Themenbereiche, „psychische Störung" und „Alter", hinweg mittels der Konjunktionen "AND" verknüpft. Die Negation "NOT" wurde für die „Einschränkungen" gewählt.

Die Datenbankrecherche fand in den Kategorien Title (TI), Abstracts (AB) und Keywords (KW) statt. Die Suche wurde am 13.02.2014 letztmalig aktualisiert. Der endgültige, für die Recherche genutzte, Suchterm ist nachfolgend dargestellt.

„Versorgung/ Behandlung"

("health service needs" OR "mental health services" OR "needs assessment" OR "mental health programs" OR "psychological support" OR "geriatric psychotherapy" OR "geropsychology" OR "psychological care" OR "psychiatric care" OR "psychological intervention" OR "psychiatric intervention" OR "psychotherapeutic intervention" OR "psychological therapy" OR "psychiatric therapy" OR "health psychology" OR "psychotherapeutic counsel*" OR psychotherapy OR "mental health treatment" OR "psychological treatment" OR "psychotherapeutic treatment")

OR

„Inanspruchnahme"

("health care utilization" OR "help-seeking behavior" OR "health care seeking behavior" OR "barriers in utilization")

AND

„psychische Störung"

("psychological disorder*" OR "mental disorder*" OR "mental illness" OR "mentally ill")

AND

„Alter"

("geriatric patients" OR "old* people" OR "old* person*" OR "old age" OR "aged people" OR "aging people" OR "elderly people" OR elderly OR "old adulthood" OR "older adult" OR "young-old" OR "old-old" OR "oldest-old")

NOT

„Einschränkungen"

(child* OR adolescen* OR quality OR personnel OR "school* councel*" OR adultery OR (age AND (differences OR discrimination OR regression OR middle)) OR ((cardiovascular OR physi*) AND disorder*) OR physi* OR falls OR apoplex* OR coronary OR "heart failure" OR chronic* OR heart* OR spirituality OR creativity OR "body awareness" OR "personal values" OR "pain management" OR "human migration" OR immigration OR "crosscultural treatment" OR "body image" OR (adult AND (learning OR education)) OR "psychotherapeutics attitudes" OR "young adulthood" OR cultur* OR religio* OR "aging in place" OR "person environment fit" OR "client characteristics" OR "case report" OR "assertiveness training" OR "personal management" OR (therapy AND (online OR "web based" OR "animal assisted" OR movement OR occupational OR "mind body" OR music OR arts OR play)) OR personality)

29

2.6 Beschaffung der Literatur

Der Großteil der verwendeten Literatur war barrierefrei aus dem Internet abrufbar. Ein weiterer Teil der Literatur konnte in der Bibliothek der Technischen Universität Chemnitz eingesehen bzw. ausgeliehen werden. Darüber hinaus wurde relevante Literatur vom Bundesministerium des Innern (BMI), vom Bundesministerium für Familie, Senioren, Frauen und Jugend (BMFSFJ) sowie vom Robert Koch-Institut (RKI) bezogen.

2.7 Selektion der Literatur

Die Auswahl relevanter Publikationen erfolgte anhand nachfolgender Analysekriterien. Demnach wurden Veröffentlichungen als relevant eingestuft und in die Untersuchung eingeschlossen, wenn folgende Kriterien zutrafen:

Einschlusskriterien:

- Personen ab dem 65. Lebensjahr (basierend u.a. auf WHO Definition)
- Personen ($\geq$ 65 Jahre) mit einer oder mehreren psychischen Störungen (nach den Kriterien der ICD oder des DSM klassifiziert)
- Keine Einschränkungen bzgl. psychischer Diagnose
- Keine Einschränkungen bzgl. des Geschlechts
- anerkannte psychotherapeutische Behandlungsverfahren (gemäß §13 GB-A-Psychotherapie-Richtlinie)
- Raum Deutschland
- Aktualität (Publikationen ab dem Jahr 2005)
- Suchraum: deutsch- oder englischsprachige Literatur

Publikationen wurden als nicht relevant eingestuft und von der Untersuchung ausgeschlossen, wenn folgende Kriterien zutrafen:

Ausschlusskriterien:

- jüngere Personen (< 65 Jahre)
- Personen, welche somatische Erkrankungen zur Hauptdiagnose haben
- nicht anerkannte psychotherapeutische Behandlungsverfahren, wie etwa Online-, Musik- oder Bewegungstherapien
- andere Länder als Deutschland
- Aktualität (Publikationen vor dem Jahr 2005)

3 Ergebnisse

In diesem Abschnitt werden die Ergebnisse der Literaturrecherche dargestellt, welche den aktuellen Status quo der psychotherapeutischen Versorgungslage älterer Menschen in Deutschland abbilden sollen. Zunächst wird, wie in Abbildung 3 ersichtlich, der Prozess
der Selektion der Literatur dargestellt. Im Anschluss daran werden die
Ergebnistabellen der einzelnen Teile der Literaturrecherche präsentiert
sowie relevante Treffer analysiert und zusammengefasst.

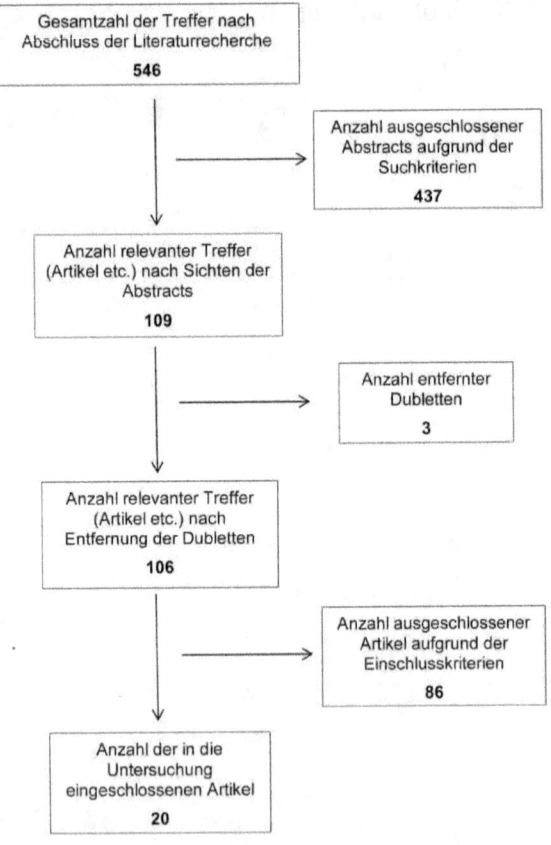

Abbildung 3: Selektion der Literatur

3.1 Datenbankrecherche

Dieser Teil der Recherche wurde in den Kategorien Title (TI), Abstracts (AB) und Keywords (KW) der jeweiligen Datenbanken durchgeführt. Die Suche war auf die Sprachen Deutsch und Englisch begrenzt. Der Suchraum umfasste die Jahre 2005 bis 2014. Weitere Einschränkungen sind in Abschnitt 2.7 ausführlich beschrieben. Der Suchterm, der in der Datenbankrecherche zur Anwendung kam, ist im Abschnitt 2.5 abgebildet. Die Suche wurde am 13.02.2014 letztmalig aktualisiert. Die Zahl der relevanten Veröffentlichungen kann der nachstehenden Tabelle 3.1 entnommen werden.

Tabelle 3.1: Trefferzahl Datenbankrecherche

Datenbanken	Anzahl der Treffer	Anzahl relevanter Treffer
PsycArticles	0	0
PsycInfo	105	1
PSYNDEX	11	1
COCHRANE-Library	167	0
MEDLINE	25	0
LILACS	0	0
Web of Science	29	0

3.2 Handsuche I: elektronische Journale

In Ergänzung zur Datenbankrecherche fand die Handsuche I statt. Die für diese Suche gewählten Einschränkungen entsprechen denen der Datenbanken.

In der Tabelle 3.2 sind die Journale, welche relevante Publikationen enthalten, aufgelistet. Eine komplette Auflistung der Journale, die in der Handsuche I recherchiert wurden, findet sich in Tabelle 3.2.1 im Anhang.

Tabelle 3.2: Trefferzahl Handsuche I (Auszug)

Handsuche I	Anzahl der Treffer	Anzahl relevanter Treffer
(J01) Zeitschrift für Gerontopsychologie & -psychiatrie	7	1
(J02) Zeitschrift für Gerontologie und Geriatrie	16	2
(J08) Geriatrie-Journal	4	1
(J27) Geriatric Mental Health Care	2	1
(J31) Zeitschrift für Evidenz, Fortbildung und Qualität im Gesundheitswesen	6	1

3.3 Handsuche II: Suchmaschinen, Suche in Publikationslisten

Im zweiten Teil der manuellen Referenzprüfung erfolgte zunächst die Sichtung der Publikationslisten bereits recherchierter Ergebnisse. Anschließend wurde die Suche in „Google Scholar" und „Springer Link" fortgesetzt. Das Ziel der Handsuche II bestand darin, die bisherigen Ergebnisse um relevante Publikationen, welche weder in den Datenbanken noch in den Journalen gefunden wurden, zu erweitern. Die hierbei gewählten Einschränkungen sind analog zu denen der Datenbanken. Eine letzte Aktualisierung der Handsuche I sowie der nachfolgenden Handsuche II fand am 27.02.2014 statt.

Tabelle 3.3: Trefferzahl Handsuche II

Handsuche II	Anzahl der Treffer	Anzahl relevanter Treffer
zweite Literaturrecherche (Google Scholar, Springer Link)	25	8
Suche in den Publikationslisten	7	4

3.4 Analyse der Literatur

Nach der zahlenmäßigen Darstellung der Rechercheergebnisse, erfolgt in diesem Abschnitt die Auswertung der relevanten Publikationen, welche unter Verwendung der Einschlusskriterien (Abschnitt 2.7) ausgewählt wurden.

Die nachstehende Tabelle 3.4.1 gibt eine Übersicht der relevanten, mittels der Literaturrecherche identifizierten, Veröffentlichungen gegliedert nach Autor(en), Erscheinungsjahr und Titel.

Tabelle 3.4.1: Übersicht der recherchierten Literatur

Autor(en)	Erscheinungs-jahr	Titel
Albani, C., Blaser, G., Geyer, M.,	2010	Ambulante Psychotherapie in Deutschland aus Sicht der Patienten. Teil 1: Versor-

Schmutzer, G., & Brähler, E.		gungssituation.
Best, D., Lubisch, B., & Weidhaas, H.-J.	2012	Symposium der Deutschen PsychotherapeutenVereinigung (DPtV) in Berlin zum Thema Psychotherapie in einer älter werdenden Gesellschaft.
Bundesverband Geriatrie e.V.	2010	Weißbuch Geriatrie; Die Versorgung geriatrischer Patienten: Strukturen und Bedarf - Status Quo und Weiterentwicklung, Eine Analyse durch die GEBERA Gesellschaft für betriebswirtschaftliche Beratung mbH (2., durchgesehene Aufl.).
Böhm, K., Tesch-Römer, C., & Ziese, T.	2009	Beiträge zur Gesundheitsberichterstattung, Gesundheit und Krankheit im Alter.
Bühring, P.	2012	Psychotherapie älterer Menschen. Vorbehalte in den Köpfen.
Gatterer, G.	2008	Psychotherapie und klinisch-psychologische Maßnahmen im Alter.
Glaesmer, H., Gunzelmann, T., Martin, A., Brähler, E., & Rief, W.	2008	Die Bedeutung psychischer Beschwerden für die medizinische Inanspruchnahme und das Krankheitsverhalten Älterer.
Gutzmann, H.	2007	Gerontopsychiatrie: vom Rand ins Zentrum.

Gutzmann, H.	2013	The health care situation of the mentally ill elderly in Germany.
Heuft, G., Kruse, A., & Radebold, H.	2006	Lehrbuch der Gerontopsychosomatik und Alterspsychotherapie.
Heuft, G.	2008	Therapie-Indikation im Alter.
Imai, T., Telger, K., Wolter, D., & Heuft, G.	2008	Versorgungssituation älterer Menschen hinsichtlich ambulanter Richtlinien-Psychotherapie.
Jacobi, F., & Harfst, T.	2011	Zum Behandlungsbedarf an klinisch-psychologischen Interventionen.
Rattay, P., Butschalowsky, H., Rommel, A., Prütz, F., Jordan, S., Nowossadeck, E., Domanska, O., & Kamtsiuris, P.	2013	Inanspruchnahme der ambulanten und stationären medizinischen Versorgung in Deutschland: Ergebnisse der Studie zur Gesundheit Erwachsener in Deutschland (DEGS1).
Robert-Koch-Institut	2009	20 Jahre nach dem Fall der Mauer: Wie hat sich die Gesundheit in Deutschland entwickelt?.
van den Bussche, H., Niemann, D., Kaduszkiewicz, H., Schä-	2013	Mit welchen chronischen Krankheiten ist eine Häufignutzung der vertragsärztlichen Versorgung in der älteren Bevölkerung assoziiert? -

fer,I., Koller, D., Hansen,H., Scherer,M., Glaeske, G. et al.		Eine Analyse auf der Basis von GKV-Abrechnungsdaten.
van den Heuvel, D., Veer, A., & Greuel, H.-W.	2014	Geriatrische Versorgungsstrukturen in Deutschland: Der Geriatrische Versorgungsverbund als bedarfsgerechte Weiterentwicklung.
Walendzik, A., Rabe-Menssen, C, Lux, G., Wasem, J., & Jahn, R.	2010	Erhebung zur Ambulanten psychotherapeutischen Versorgung.
Weyerer, S., & Bickel, H.	2007	Epidemiologie psychischer Erkrankungen im höheren Lebensalter.
Zank, S., Peters, M., & Wilz, G.	2010	Klinische Psychologie und Psychotherapie des Alters.

Eine Übersicht, gegliedert nach den Analysekriterien (Altersgruppe, Psychische Störung und Versorgungssektor) sowie nach Inhalt, kann der Tabelle 3.4.2 im Anhang entnommen werden.

3.5 Überblick der Ergebnisse

Im Anschluss an die Analyse der 20 relevanten Publikationen erfolgte eine Zuordnung entsprechend der Fragestellungen. Abbildung 3.5 stellt die Anteile der relevanten Veröffentlichungen dar.

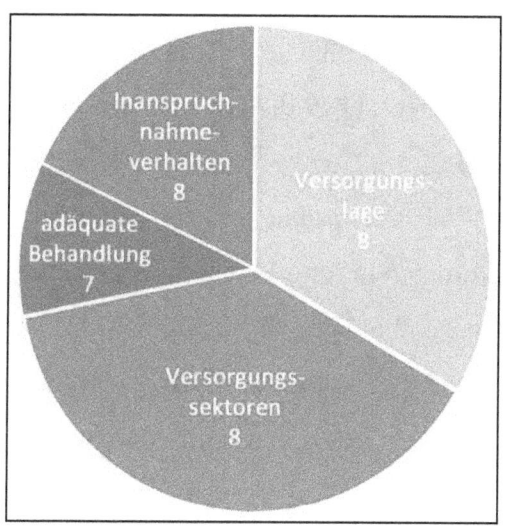

Abbildung 3.5: Anteile relevanter Veröffentlichungen bezüglich der Fragestellungen
(*Anmerkung*: Mehrfachnennungen möglich)

Aktuelle Versorgungslage. Mit der Frage nach der aktuellen Versorgungslage älterer Menschen befassen sich acht Publikationen.

Die Versorgungssituation älterer Menschen hat sich, dem Robert Koch-Institut (2009) zufolge, ungünstig entwickelt. Diese Entwicklung ist anhand der Zahl der Hausärzte im Verhältnis zum Anteil Älterer in der Bevölkerung erkennbar (Robert Koch-Institut, 2009). Heuft (2008) stellt, ebenfalls auf den Anteil der Älteren an der Gesamtbevölkerung bezogen, eine psychotherapeutische Unterversorgung dieser Altersgruppe fest. Aus weiteren Untersuchung geht hervor, dass ältere Menschen mit psychischen Erkrankungen unterversorgt sind (Böhm, Tesch-Römer & Ziese, 2009; Zank, Peters & Wilz, 2010). Mit Hinblick auf die ambulante Richtlinien-Psychotherapie sprechen Imai, Telger, Wolter und Kollegen (2008, S.488) von einer „eklatanten Unterversorgung" dieser Altersgruppe. Nach Heuft, Kruse und Radebold (2006, S.215) besteht eine „Diskrepanz zwischen Behandlungsbedarf und Versorgungsrealität". Van den Heuvel, Veer und Greuel (2014) kommen in ihrer Untersuchung zu dem Schluss, dass in Deutschland keine einheitliche Versorgungslandschaft vorzufinden ist. Der Bundesverband Geriatrie e.V. (2010, S.71) beurteilt die Versorgungslage älterer Menschen u.a. mithilfe der Häufigkeit von Krankenhausaufenthalten und stellt fest, dass „der tatsächliche Versorgungsbedarf ... nicht vollumfänglich abgedeckt" wird. Hinsichtlich demographischer Entwicklungen sind zukünftig weitere Verschlechterungen der Versorgungssituation älterer Menschen zu erwarten (Böhm, Tesch-Römer & Ziese, 2009; Robert Koch-Institut, 2009).

Diesen Ergebnissen nach werden 65-Jährige und Ältere mit psychischen Erkrankungen nicht bedarfsgerecht versorgt. Der aktuelle Status quo zeigt eine psychotherapeutische Unter- bzw. Fehlversorgung älterer Menschen an.

Adäquate Behandlung. Es wurden sieben Publikationen zur adäquaten Behandlung älterer Menschen mit psychischen Erkrankungen identifiziert.

Die Angaben zu den Anteilen älterer Menschen, die psychotherapeutisch behandelt werden, schwanken zwischen 1 und 1,5% (Best, Lubisch & Weidhaas, 2012; Zank, Peters & Wilz, 2010). Diese Behandlungsraten weisen auf „erhebliche Unterschiede ... der verschiedenen Alterskohorten" (Jacobi & Harfst, 2011, S.1) zum Nachteil älterer Menschen mit psychischen Erkrankungen hin. Die niedrigen Raten der psychotherapeutischen Behandlung stehen einer mit zunehmendem Alter stark steigenden Verschreibung von Antidepressiva gegenüber (Best, Lubisch & Weidhaas, 2012). Laut Gatterer (2008, S.22) sind diese niedrigen Behandlungsraten Resultat einer unzureichenden Definition altersbedingter, „krankheitswertiger Veränderungen". Best, Lubisch und Weidhaas (2012) hingegen begründen diese niedrigen Behandlungsraten mit einem Mangel an psychotherapeutischen Behandlungskapazitäten. Darüber hinaus stellen begrenzte Möglichkeiten in der Akutversorgung sowie der Mangel an langfristigen psychotherapeutischen Behandlungsangeboten „bei chronischen psychischen Krankheiten" (Best, Lubisch & Weidhaas, 2012, S.2) Hindernisse für die adäquate Behandlung älterer Menschen dar.

Gutzmann (2007, S.106) führt im Zusammenhang mit einer adäquaten Behandlung das chronologische Alter an, das als „Kriterium für die Rationierung medizinischer Güter und Dienstleistungen" herangezogen wird. Diese Einsparung medizinischer Güter und Dienstleistungen, psychotherapeutische Behandlungen einbezogen, verdeutlichte er mithilfe einer Gegenüberstellung (Gutzmann, 2007). Demnach steht die steigende Zahl älterer Menschen mit psychischen Erkrankungen der Abnahme des Anteils der Älteren im stationären Bereich gegenüber (Gutzmann, 2007). Parallel zum Rückgang der Behandlungsraten älterer Menschen mit psychischen Erkrankungen wird für die Zukunft eine Zunahme der Fallzahlen in der Geriatrie vorhergesagt (van den Heuvel, Veer & Greuel, 2014). Gegenwärtig steht der Anteil älterer Menschen mit psychischen Erkrankungen von 25% (Weyerer & Bickel, 2007) einer Behandlungsrate von 1 bis 1,5% (Best, Lubisch & Weidhaas, 2012; Zank, Peters & Wilz, 2010) gegenüber.

Basierend auf den niedrigen Behandlungsraten und dem hohen Anteil älterer Menschen mit psychischen Erkrankungen ist davon auszugehen, dass ein Großteil der Altersgruppe der über 65-Jährigen in Hinsicht auf den psychotherapeutischen Versorgungsbedarf „zurzeit nicht adäquat" (Bundesverband Geriatrie e.V., 2010, S.117) behandelt wird.

Inanspruchnahme. Acht Publikationen haben das Inanspruchnahmeverhalten älterer Menschen bezogen auf die psychotherapeutische Behandlung zum Thema.

Rattay, Butschalowsky, Rommel und Kollegen (2013) stellen fest, dass Multimorbidität mit einer steigenden Inanspruchnahme einhergeht. Im Rahmen ihrer Untersuchung wurde die Inanspruchnahme anhand der Häufigkeit kontaktierter Arztgruppen innerhalb eines Jahres ermittelt. Es zeigte sich, dass die Anzahl der Kontakte innerhalb einzelner Arztgruppen, aber auch zwischen verschiedenen Arztgruppen zunehmend von multimorbiden, älteren Menschen genutzt wird (Rattay et al., 2013). Viele verschiedene Fachärzte werden häufiger von den 65-Jährigen und Älteren in Anspruch genommen, welche unter Angst-, somatoformen Störungen oder Depression leiden (van den Bussche, Niemann, Kaduszkiewicz et al., 2013). Im Vergleich dazu nehmen ältere Menschen, welche an einer dementiellen Störung erkrankt sind, häufiger einen bestimmten Facharzt in Anspruch (van den Bussche et al., 2013). Über alle Altersgruppen hinweg zeigten Personen „mit kodierten psychiatrischen Diagnosen", im Vergleich zu Personen mit somatischen Diagnosen, eine häufigere Inanspruchnahme hausärztlicher Versorgung (van den Bussche et al., 2013, S.448, zitiert nach Schneider et al., 2011). Die Ergebnisse „einer bundesrepräsentativen" (Glaesmer, Gunzelmann, Martin et al., 2008, S.187) Untersuchung zeigen, dass die erhöhte Inanspruchnahme hausärztlicher Versorgung mit den psychischen Beschwerden und dem daraus resultierenden veränderten Krankheitsverhalten einhergeht.

Bezogen auf die Nutzung psychotherapeutischer Angebote, wie ambulante Psychotherapien, stellen Böhm, Tesch-Römer und Ziese (2009, S.169) fest, dass diese „selten" von 65-Jährigen und Älteren in Anspruch genommen werden. „Spätestens ab 60 Jahren nimmt die Häufigkeit von Psychotherapien steil ab" (Best, Lubisch & Weidhaas, 2012, zitiert nach Barmer GEK, 2012, S.8).

Heuft, Kruse und Radebold (2006) wiesen auf Unterschiede zwischen den Geschlechtern im Inanspruchnahmeverhalten hin. Dementsprechend beträgt das Verhältnis von $\geq$ 60-jährigen Frauen zu Männern unter den Psychotherapiepatienten 3:1 (Heuft, Kruse & Radebold, 2006). Im höheren Lebensalter nehmen überwiegend Frauen eine Psychotherapie in Anspruch (Bühring, 2012, zitiert nach Radebold, 2012). Rattay und Kollegen (2013) zufolge verkleinern sich diese Geschlechtsunterschiede mit zunehmendem Alter.

Walendzik, Rabe-Menssen, Lux und Kollegen (2010) beziffern den Anteil an der psychotherapeutischen Behandlungsrate in der Altersgruppe der 71- bis 80-jährigen Frauen auf 1,3% (Männer: 1,2%). Im Alter von 81 bis 90 Jahren verringert sich der Anteil der Inanspruchnahme einer Psychotherapie, sowohl bei den Männern als auch bei den Frauen, auf 0,2% (Walendzik, Rabe-Menssen, Lux et al., 2010).

Zwischen den neuen und alten Bundesländern bestehen kaum noch Unterschiede bezüglich der Inanspruchnahme psychotherapeutischer Angebote (Rattay et al., 2013).

Im Hinblick auf die Frage nach dem Inanspruchnahmeverhalten zeigt sich, dass multimorbide, ältere Menschen häufiger Kontakt zu Ärzten aufnehmen und dass in der Nutzung psychotherapeutischer Behandlungsangebote alters- und geschlechtsspezifische Unterschiede bestehen.

Versorgungssektor. Acht Publikationen setzten sich mit der Frage auseinander, in welchen Versorgungssektoren psychotherapeutische Angebote von älteren Menschen mit psychischen Erkrankungen in Anspruch genommen werden.

Laut Robert Koch-Institut (2008) können Leistungen im Bereich der Psychotherapie von älteren Menschen mit psychischen Erkrankungen auf den Sektoren der ambulanten und/ oder stationären Versorgung in Anspruch genommen werden. Zudem besteht die Möglichkeit teilstationäre Versorgungsangebote, wie Tageskliniken, zu nutzen (Robert Koch-Institut, 2008).

Die jeweiligen Artikel differenzieren die Sektoren der Versorgung (sowie deren Angebote) lediglich nach stationär und/ oder ambulant. Das Fehlen des teilstationären Versorgungssektors (in Tabelle 3.4.2) wird mithilfe der Differenzierung begründet. Der zufolge wird die teilstationäre Versorgung dem ambulanten Sektor zugeordnet. Aufgrund dieser Zuordnung werden teilstationäre, psychotherapeutische Angebote nicht separat aufgeführt.

Albani, Blaser, Geyer und Kollegen (2010) stellen in einer telefonischen Bevölkerungsbefragung eine Unterrepräsentation älterer Menschen im Bereich der ambulanten Psychotherapie fest. Trotz eines erhöhten Versorgungsbedarfs für die Altersgruppe der 60-Jährigen und Älteren liegt der Anteil der in psychotherapeutischen Praxen behandelter Menschen ($\geq$ 60 Jahre) bei etwa 1,5% (Bühring, 2012, zitiert nach Lehr, 2012). Dabei steht der prozentuale Rückgang des Anteils älterer Menschen in der ambulanten psychotherapeutischen Versorgung im

Gegensatz zur demographischen Entwicklung (Gutzmann, 2013, zitiert nach Gutzmann, 2001).

Dem Robert Koch-Institut (2009) zufolge konzentriert sich die ambulante Versorgung sowie die Inanspruchnahme ambulanter Leistungen auf den hausärztlichen Bereich. Demnach kommt den Hausärzten – als erste Anlaufstelle – eine wichtige Rolle bei der Erkennung psychischer Erkrankungen sowie bei der Versorgung psychischer Erkrankter zu (Best, Lubisch & Weidhaas, 2012). Weyerer und Bickel (2007) stellen in ihrer Untersuchung fest, dass ein geringer Anteil älterer Menschen mit psychischen Erkrankungen innerhalb eines Jahres eine psychiatrische Institution in Anspruch nimmt. Folglich beträgt der Anteil im ambulanten Bereich circa 1,4%. Im Vergleich dazu liegt der Anteil derjenigen, die eine stationäre Behandlung in Anspruch nehmen, bei 0,5% (Weyerer & Bickel, 2007, zitiert nach Dilling & Weyerer, 1978, 1984).

Böhm, Tesch-Römer und Ziese (2009) berichten von einer Inhomogenität der regionalen Verteilung des stationären Versorgungsangebotes, gemessen an der der Krankenhaus- und Bettendichte, zulasten über 65-Jähriger und Älterer. Da die Varianz der Krankenhausdichte pro 100.000 Einwohner bei einer ähnlichen Bettendichte in westlichen Bundesländern höher als im Osten des Landes ist, könne sich eine relativ große Entfernung zum nächstgelegenen Krankenhaus zum Nachteil älterer Menschen auswirken (Böhm, Tesch-Römer & Ziese, 2009).

Der Anteil älterer Menschen in der stationären psychotherapeutischen Versorgung beträgt 2% (Gutzmann, 2013, zitiert nach
Heuft, 2011). Eine latente Unterversorgung besteht, Gutzmann (2013)
zufolge, im stationären Sektor psychogeriatrischer Versorgung. „Bereits heute beträgt der Anteil über 65-jähriger Patienten mit psychiatrischen Symptomen in Allgemeinkrankenhäusern in der Regel über
40%" (Stolz, 2007, zitiert nach Wallesch & Förstl, 2005). Trotz der
Zunahme psychiatrischer Symptome nehmen die Anteile der älteren
Menschen, die in psychiatrischen Abteilungen behandelt werden, kon-
tinuierlich ab. Gutzmann (2007) verdeutlichte die Abnahme mithilfe
der Zahlen aus den Jahren 1994 und 1997– allein in diesem Zeitraum
ging der Anteil, der in psychiatrischen Abteilungen Behandelter, von
14,6% auf 12,4% zurück. Nach Rattay und Kollegen (2013) wird lediglich ein Fünftel der 60- bis 79-jährigen Frauen und Männer stationär versorgt.

Die Ergebnisse zeigen, dass Therapieangebote in ambulanten
und stationären Versorgungssektoren von älteren Menschen mit psychischen Erkrankungen in geringem Maße genutzt werden.

Eine stichpunktartige Zusammenfassung der Inhalte einzelner
Artikel findet sich in Tabelle 3.4.2, welche dem Anhang entnommen
werden kann.

4 Diskussion

Im nachfolgenden Abschnitt werden zunächst die Ergebnisse und anschließend das methodische Vorgehen dieser Literaturrecherche diskutiert.

4.1 Diskussion der Ergebnisse

Das Ziel dieser Literaturrecherche war, den aktuellen Status quo der psychotherapeutischen Versorgungslage älterer Menschen in Deutschland abzubilden. Im Rahmen dessen wurden Veröffentlichungen zum Behandlungsbedarf sowie zur tatsächlich erfolgten Inanspruchnahme identifiziert. Anhand dieser Daten sollte festgestellt werden, ob der Versorgungsbedarf gedeckt ist oder ob eine Über-, Unter- bzw. Fehlversorgung für die Altersgruppe der über 65-Jährigen mit psychischen Erkrankungen besteht. Die relevanten Publikationen wurden anschließend unter Berücksichtigung verschiedener Fragestellungen analysiert und ausgewertet.

Eine umfassende Abbildung der Versorgungslage älterer Menschen in Deutschland sowie eine zahlenmäßige Abschätzung des psychotherapeutischen Versorgungsbedarfs, auf Grundlage des Verhältnisses des Behandlungsbedarfs zur tatsächlich erfolgten Inanspruchnahme, war nicht möglich. Da in den identifizierten Publikationen der Behandlungsbedarf und die Inanspruchnahme unterschiedlich operationalisiert sind, ist eine Vergleichbarkeit der Ergebnisse nur bedingt gegeben. Des Weiteren ist es aufgrund der eingeschränkten Repräsentativität einzelner Studien, bspw. in Hinsicht auf die Anzahl und Art der Studienteilnehmer (Leistungsempfänger vs. Leistungserbringer), die Studientypen, die Begrenzung auf bestimmte Regionen Deutschlands, nicht möglich umfassende Aussagen über die Versorgungslage dieser Altersgruppe ($\geq$ 65 Jahre) zu treffen. Darüber hinaus liegen bisher nur sehr wenige Forschungsergebnisse zum Thema vor. Während es eine Reihe von „Untersuchungen zur Wirksamkeit von ambulanter Psychotherapie unter experimentellen Studienbedingungen" gibt, „besteht ein Defizit an empirischen Ergebnissen zur Realversorgung in der Psychotherapie" insbesondere für ältere Menschen (Rabe-Menssen, 2014, online). Dieses Defizit ist damit zu begründen, dass „vorhandene Daten ... der KBV und der Krankenkassen nicht systematisch und objektiv ausgewertet oder nicht öffentlich gemacht" werden (Rabe-Menssen, 2014, online).

Trotz unterschiedlicher Operationalisierungen einzelner Konzepte, Stichprobengrößen, Datengrundlagen (Bevölkerungsstudien vs. Krankenhausstatistik) und Erhebungsmethoden (Telefoninterview vs. Fragebogen) kann über verschiedene Studien hinweg eine Unter- bzw. Fehlversorgung älterer Menschen mit psychischen Erkrankungen festgestellt werden. Mit Hinblick auf die psychotherapeutische Behandlung wird der Großteil älterer Menschen „zurzeit nicht adäquat" (Bundesverband Geriatrie e.V., 2010, S.117) versorgt. Hinsichtlich des Inanspruchnahmeverhaltens psychotherapeutischer Behandlungsangebote stellten sich alters- und geschlechtsspezifische Unterschiede heraus. Des Weiteren zeigte sich, dass Therapieangebote in ambulanten und stationären Versorgungssektoren von älteren Menschen mit psychischen Erkrankungen in geringem Maße genutzt werden.

Die Ursachen der Unter- bzw. Fehlversorgung sowie der geringen Inanspruchnahme psychotherapeutischer Leistungen sind vielfältig und bestehen über unterschiedliche Versorgungssektoren (ambulant, stationär) hinweg. Dabei können die Gründe für das Nichtzustandekommen einer psychotherapeutischen Behandlung sowohl auf Seiten der Älteren als auch auf Seiten der Behandelnden, wie Ärzten und Psychotherapeuten, gesehen werden.

Seitens älterer Menschen könnten sich individuelle negative Altersbilder, die in der Überzeugung der Person selbst von einer geringen Veränderbarkeit im Alter zum Ausdruck kommen, hinderlich auf die Behandlung und Inanspruchnahme auswirken (Rabe-Menssen, 2011). Es könnte diskutiert werden, dass ältere Menschen psychische Erkrankungen als altersbedingt ansehen und es nicht in Betracht ziehen einen Arzt zu konsultieren. Zudem könnten Stigmatisierungsängste der Person, wie die Angst – aufgrund einer psychischen Erkrankung – aus der Gesellschaft ausgegrenzt zu werden, beim Prozess der Inanspruchnahme eine Rolle spielen.

Die Alters- und Geschlechtsunterschiede im Inanspruchnahmeverhalten könnten damit erklärt werden, dass Frauen gegenüber einer Psychotherapie aufgeschlossener sind und diese eher in Anspruch nehmen als Männer (Imai, Telger, Wolter & Heuft, 2008). Von Männern könnte die Überweisung eines Arztes in die Psychotherapie

„in manchen Fällen als Kränkung wahrgenommen werden" (Rabe-Menssen, 2011, S.15, zitiert nach Peters, 2000).

Dass über 65-Jährige psychotherapeutische Angebote nur in geringem Maße nutzen, könnte auch damit zusammenhängen, dass ältere Menschen eine psychische Erkrankung als Schwäche empfinden, da zu ihrer Kinder- und Jugendzeit Härte und Disziplin als Erziehungsideale galten (Zank, Peters & Wilz, 2010). Überdies könnten bei älteren Menschen Hemmungen bestehen dem Arzt psychische Probleme bzw. Symptome zu berichten (Rabe-Menssen, 2009). Ferner könnten Konflikte aufgrund des Altersgefälles zwischen einer älteren Person selbst und dem Behandelnden befürchtet werden (Bundesregierung, 2010).

Als hinderlich für die Nutzung psychotherapeutischer Angebote könnte sich ebenfalls eine skeptische Haltung zur Psychotherapie, als – für ältere Menschen – neue Form der Behandlung, erweisen.

Des Weiteren könnten den Älteren, auf der Suche nach professioneller Hilfe, die Vielfalt des Psychotherapieangebotes sowie die Vielzahl an Behandelnden Probleme bereiten (Robert Koch-Institut, 2008). Nach Auswahl eines passenden Angebotes und Psychotherapeuten könnte sich die dann anstehende lange Wartezeit hinderlich auf die tatsächliche Inanspruchnahme der psychotherapeutischen Leistung auswirken (Zank, Peters & Wilz, 2010).

Zudem könnten räumliche Faktoren, wie die Nähe bzw. die „Erreichbarkeit" einer Praxis die Nutzung psychotherapeutischer Leistung durch ältere Menschen beeinflussen (Böhm, Tesch-Römer & Ziese, 2009).

Dass Psychotherapie von 65-jährigen und älteren Menschen kaum in Anspruch genommen wird, könnte mit einem Mangel an Informationen, bspw. hinsichtlich der Behandlungsmöglichkeiten, erklärt werden. Dieser Informationsmangel könnte ältere Menschen glauben lassen, „dass sie gar nicht so viel in Anspruch nehmen dürfen" (Radebold, 2012, zitiert nach Bühring, 2012, S.1361).

Die Aufklärung der Betroffenen bezogen auf psychische Erkrankungen im Alter, auf mögliche psychotherapeutische Behandlungen und deren Wirksamkeit wäre wünschenswert. Mehr Institutionen des Gesundheitswesens sollten es sich zur Aufgabe machen älteren Menschen Wissen über die Art, den Inhalt, die Erreichbarkeit und die Finanzierungsmöglichkeiten psychotherapeutischer Leistungen sowie über deren Rechte in der Psychotherapie zu vermitteln. Die Informationsvermittlung sowie die Aufklärung könnten unter anderem zum Abbau der Stigmatisierungsängste älterer Menschen beitragen und die Inanspruchnahme psychotherapeutischer Leistungen erhöhen.

Vonseiten der Behandelnden könnten negative Altersstereotype sowie die daraus resultierenden Zweifel daran, dass Ältere von einer Psychotherapie profitieren, hinderlich für die „Übernahme der Behandlung älterer Patienten" (Imai, Telger, Wolter & Heuft, 2008, S.494) sein. Ferner könnte ein Mangel an gerontologischem Spezialwissen auf Seiten des Arztes oder Psychotherapeuten als Barriere für das Zustandekommen einer psychotherapeutischen Behandlung wirken.

Gerade ältere, psychisch erkrankte Menschen sind in besonderem Maße auf die Diagnose und Überweisung des Hausarztes an einen Psychotherapeuten angewiesen (Rabe-Menssen, 2011). Die „niedrige Erkennungsrate psychischer Erkrankungen"(Rabe-Menssen, 2009, S.17) im Alter, vor allem in der hausärztlichen Versorgung, könnte als Erklärung für die Unter- bzw. Fehlversorgung älterer Menschen herangezogen werden. Die Möglichkeit eine Psychotherapie in Anspruch zu nehmen könnte den 65-jährigen und älteren Menschen dadurch verwehrt sein, dass der Arzt psychische Symptome, wie die einer Depression, als altersangemessene Reaktion, aber nicht als psychische Erkrankung erkennt (Best, Lubisch & Weidhaas, 2012).

Der Hausarzt, als „Lotse im System" (Albani, Blaser, Geyer et al., 2010, S.513), entscheidet über weitere therapeutische Maßnahmen sowie über die weitere Inanspruchnahme fachärztlicher und stationärer Versorgung älterer Menschen. Die mit zunehmendem Alter stark steigende Verschreibung von Antidepressiva, welche der geringen Inanspruchnahme psychotherapeutischer Behandlungen gegenübersteht, könnte als Fehlversorgung älterer Menschen interpretiert werden (Rabe-Menssen, 2011).

Eine mögliche Erklärung für die niedrige psychotherapeutische Behandlungsrate könnten fehlende Kenntnisse des Behandelnden „über Diagnose- und Interventionsmöglichkeiten" (Rabe-Menssen, 2011, S.16) sein.

Keine Erfahrungen in der Behandlung Älterer sowie die Angst vor möglichen Konflikten aufgrund des Altersgefälles, könnten als Hindernisse für das Zustandekommen einer psychotherapeutischen Behandlung gelten (Bundesregierung, 2010).

Die Förderung von Fort- und Weiterbildungsprogrammen, die gerontologisches Fachwissen vermitteln, wäre für die Zukunft insbesondere für die von älteren Menschen häufig in Anspruch genommenen Arztgruppen zu empfehlen. So könnten angemessene psychotherapeutische und/ oder pharmakologische Interventionen eingeleitet und Fehlversorgung, bspw. hinsichtlich der Medikation, vermieden oder reduziert werden.

Den für die Zukunft vorhersehbaren Engpässen, vor allem in der hausärztlichen Versorgung, könnten durch flexiblere Arbeits- und Niederlassungsbedingungen der Ärzte sowie durch die Schaffung ökonomischer Anreize entgegengewirkt werden (Robert Koch-Institut, 2009). Dies wäre für die Erhöhung des Anteils der Vertragsärzte förderlich und könnte zur Verbesserung, bspw. hinsichtlich der Erkennung psychischer Erkrankungen, beitragen.

Von Vorteil wäre zudem die Etablierung geriatrischer Schwerpunktpraxen, die zum Beispiel von Ärzten mit einer Zusatzweiterbildung „Klinische Geriatrie" (Hermens, 2008, S.3) geführt werden sowie die Einrichtung von Geriatriezentren. So könnten die zur Verfügung stehenden Hausärzte in der Behandlung älterer Menschen unterstützt und die Versorgung dieser Altersgruppe ($\geq$ 65 Jahre) verbessert werden.

Nicht nur auf Seiten der älteren Menschen oder der Behandelnden, sondern auch **vonseiten des Versorgungssystems** können Barrieren hinsichtlich des Zugangs zur Psychotherapie bestehen. Eine bisher unzureichende „Unterscheidung zwischen dem natürlichen Alternsprozess und krankheitsbedingten Entwicklungen" (Bundesregierung, 2010, S.167) könnte den Behandelnden die Diagnosestellung erschweren und eine weiterführende, adäquate Versorgung des Betroffenen verhindern. Ein weiterer Grund für die Unter- bzw. Fehlversorgung könnte auch ein Mangel an „spezifischen Symptombeschreibungen psychischer Altersstörungen" (Maercker, 2002, S.28) mithilfe aktueller Klassifikationssysteme (ICD, DSM) sein.

Darüber hinaus könnten derzeitig eingeschränkte „Möglichkeiten einer Akutversorgung" (Best, Lubisch & Weidhaas, 2012, S.7) und das Fehlen langfristiger psychotherapeutischer Behandlungsmöglichkeiten bei chronischen psychischen Krankheiten, Erklärungen für die aktuelle Versorgungslage älterer Menschen sein (Best, Lubisch & Weidhaas, 2012). Möglicherweise könnten „Schnittstellenprobleme, d.h. *der* Wechsel vom ambulanten in den stationären Bereich oder in umgekehrte Richtung" (Kuhlmey et al., 2003, S.234, Hervorhebung v. Verf.) die Versorgung älterer Menschen beeinträchtigen.

Psychotherapeutische Behandlungsangebote sollten nicht auf einen bestimmten Zeitraum begrenzt, sondern – unter Berücksichtigung der Art und des Schweregrades einer psychischen Erkrankung – älteren Menschen langfristig zur Verfügung gestellt werden. So könnte die Selbstständigkeit der betroffenen Personen erhalten, die Lebensqualität erhöht und „ein möglichst langes selbstbestimmtes Leben im häuslichen Umfeld" gefördert werden (Sächsisches Staatsministerium für Soziales und Verbraucherschutz, 2010, S.1).

Eine allgemeingültige Definition altersbedingter, „krankheitswertiger Veränderungen", wie Gatterer (2008, S.21) sie fordert, wäre als Grundlage sowohl für die Praxis als auch für die Forschung notwendig. Insbesondere für Forschungsfragen, welche sich mit der Über-, Unter- bzw. Fehlversorgung psychisch erkrankter Menschen beschäftigen, wäre die Entwicklung eines einheitlichen Konzeptes „zum Behandlungsbedarf psychischer Störungen" (Soeder in Maercker, S.60) wünschenswert. Neben bereits existierenden Studien, wie dem BGS98 und der DEGS1, sollte weitere Versorgungsforschung initiiert und gefördert werden. Zukünftige Forschungsprojekte, die dazu beitragen Erkenntnisse bspw. über das Auftreten psychischer Störungen im Alter zu gewinnen, wären im Sinne einer adäquaten und qualitativen Versorgung älterer Menschen.

Eine Verbesserung der Diagnostik und der Erkennung psychischer Erkrankungen der 65-Jährigen und Älteren könnte mithilfe der Erfassung spezifischer, für die Altersgruppe bedeutsamer Symptome und der Berücksichtigung in entsprechenden Klassifikationssystemen erzielt werden.

Für die Zukunft wäre zudem eine Vernetzung der Versorgungssektoren (stationär, ambulant) sowie die Kooperation der an der Versorgung älterer Menschen beteiligten Professionen, bspw. zwischen Hausarzt und Psychotherapeuten, wünschenswert, um die Behandlungen an die speziellen Bedürfnisse älterer Menschen anzupassen.

Um einer zukünftigen Unter- bzw. Fehlversorgung älterer Menschen entgegenzuwirken, wäre eine an demographischen Veränderungen orientierte Versorgung von Vorteil. Eine Möglichkeit wäre die Verhältniszahl – Arzt pro Einwohner – flexibel festzusetzen, so dass in den Bundesländern mit einem höheren Anteil älterer Menschen mehr Behandelnde zur Versorgung älterer Menschen zur Verfügung stehen (Robert Koch-Institut, 2009).

Weitere Vorschläge zur Optimierung der Versorgung sowie zum Abbau der Barrieren, die auf mehreren Seiten bestehen, wären im Interesse älterer Menschen mit psychischen Erkrankungen.

4.2 Diskussion des methodischen Vorgehens

Im Rahmen dieser Literaturrecherche wurde eine Suchstrategie entwickelt, um ein systematisches Vorgehen bei der Identifikation relevanter Publikationen zu gewährleisten. Diese Strategie bestand aus den vier Themenbereichen „Versorgung/ Behandlung", „Inanspruchnahme", „psychische Störung" und „Alter". Die einzelnen Themenbereiche enthielten ausschließlich englischsprachige Suchbegriffe. Deutsche Wörter kamen nicht zur Anwendung, da sich während des Entwicklungsprozesses der Suchstrategie zeigte, dass unter Hinzunahme deutscher Begrifflichkeiten keine zusätzlichen Publikationen identifiziert werden konnten.

Es könnte kritisiert werden, dass das die Zielgruppe betreffende Kriterium des Alters (≥ 65 Jahre) nicht bei allen Veröffentlichungen eingehalten wurden. Dies ist mit der Vielzahl von Alterseinteilungen bzw. den variierenden Angaben zum höheren Lebensalter in der Literatur zu begründen. Dementsprechend wurden Publikationen, welche die Altersgruppe ab 60 Jahren erfassen in diese Recherche eingeschlossen. Eine der 20 Publikationen (Jacobi & Harfst, 2011) enthält keine Angabe zum Alter. Aus dem Kontext ging jedoch hervor, dass sich der Artikel auf ältere Menschen „mit psychischen Erkrankungen"(Jacobi & Harfst, 2011, S.1) bezieht.

Neben den vier Themenbereichen umfasste die Suchstrategie Einschränkungen, welche entsprechend verschiedener Ausschlusskriterien (Abschnitt 2.7) gewählt wurden. Demnach wurden ältere Menschen mit einer somatischen Erkrankung als Hauptdiagnose nicht berücksichtigt. Da mit zunehmendem Alter somatische und psychische Erkrankungen häufig gleichzeitig auftreten, ist der Ausschluss von Personen mit einer vorrangig somatischen Diagnose als kritisch anzumerken.

Zudem wurden bestimmte Therapieangebote, wie bspw. Online-, Musik- oder Bewegungstherapien, die nicht als anerkannte (den Richtlinien entsprechende) Behandlungsverfahren gelten, ausgeschlossen. Das hing damit zusammen, dass lediglich Daten zu psychotherapeutischen Leistungen, die im Rahmen der Richtlinienpsychotherapie erbracht und mit den Krankenkassen bzw. Rentenversicherungsträgern abgerechnet werden, der Öffentlichkeit zur Verfügung stehen. Einen

Zugang zu nicht öffentlichen Daten zu erhalten, wie bspw. Informationen der Krankenkassen über die Anzahl bewilligter Psychotherapieanträge, wäre aus datenschutzrechtlichen Gründen im Rahmen dieser Arbeit nicht möglich gewesen.

Darüber hinaus wurde der Suchraum auf die Bundesrepublik Deutschland begrenzt. Andere Länder bzw. deren Studien von der Untersuchung auszuschließen, ist zum einen durch das Thema an sich und zum anderen durch die Vergleichbarkeit bedingt. Um vergleichbare Aussagen über die Versorgungslage treffen zu können, sollten grenzüberschreitende Unterschiede der Versorgungssysteme nicht berücksichtigt werden.

Da die Suchstrategie in dieser Form erstmalig zur Anwendung kam, könnte kritisch diskutiert werden, dass die Recherche auf Basis einer nicht bewährten Strategie durchgeführt wurde. In Zukunft könnte sich diese Strategie, unter Berücksichtigung nachfolgender Hinweise, bewähren und als Grundlage der Bestimmung der Versorgungslage älterer Menschen dienen.

Zur Optimierung der Suchstrategie könnte der Themenbereich „Versorgung/ Behandlung" separiert und spezifiziert werden. Zudem wäre eine Erweiterung der Begrifflichkeiten, die im Rahmen der Suchstrategie zur Anwendung kamen, denkbar.

In Ergänzung zur Suche nach Literatur könnten verschiedene Institutionen des Gesundheitswesens, wie die Kassenärztliche Bundesvereinigung (KBV) oder die Bundesärztekammer (BÄK), persönlich kontaktiert werden, um die Datengrundlage zu erweitern.

Des Weiteren könnten europäische Versorgungssysteme (Schweiz, Österreich, etc.) mit in die Untersuchung einbezogen und als Grundlage der Entwicklung neuer Ansätze für das deutsche Gesundheitsversorgungssystem genutzt werden.

Multimorbide, ältere Menschen sollten in zukünftigen Untersuchungen Berücksichtigung finden, da Multimorbidität die Lebensqualität, insbesondere ab dem vierten Lebensalter (85 Jahre und älter), deutlich beeinträchtigt (Hoffmann & Nachtmann, 2007).

5 Fazit

Obwohl das Interesse der Forschung an Fragestellungen zum Thema der Versorgung älterer Menschen gewachsen ist, liegen zum jetzigen Zeitpunkt kaum epidemiologische Studien zum Behandlungsbedarf sowie zur tatsächlich erfolgten Inanspruchnahme der Altersgruppe (≥ 65 Jahre) vor. Die in dieser Arbeit betrachteten Daten deuten auf eine Unter- bzw. Fehlversorgung 65-Jähriger und Älterer hin. Eine realitätstreue Abbildung der Versorgungslage älterer Menschen in der Bundesrepublik Deutschland war mithilfe dieser Literaturrecherche jedoch nicht möglich. Die Schwierigkeit eine Über-, Unter- bzw. Fehlversorgung aufzudecken bestand darin, Daten zu identifizieren, die einerseits Vergleiche über größere Zeiträume hinweg ermöglichen und andererseits auf dieselbe Art und Weise erhoben worden sind (Robert Koch-Institut, 2012). Die derzeitig eingeschränkte Datenlage zu versorgungsrelevanten Fragestellungen macht weitere Forschung notwendig.

Neben den Bemühungen einzelner Vereine und Verbände, wie der DGVT, welche im Rahmen der Fachgruppe *Ältere Menschen in der psychosozialen Versorgung* „Öffentlichkeitsarbeit zur Verankerung von Alternspsychotherapie in der Gesellschaft" (DGVT, 2012, online) leistet, ist weitere Informationsvermittlung und Aufklärung erforderlich.

Die Berücksichtigung klinisch relevanter Symptome psychischer Störungen im Alter in entsprechenden Klassifikationssystemen sowie fachliche Fortbildungen für die Behandelnden, könnten diagnostische Fähigkeiten fördern und zur Optimierung der Versorgungslage älterer Menschen beitragen.

65-Jährige und Ältere benötigen häufig einen „ganzheitlichen und koordinierten Behandlungsansatz" (van den Bussche et al., 2013, S.441), welcher an die individuellen Bedürfnisse, Möglichkeiten und Grenzen angepasst ist. Aus diesem Grunde sollten zukünftige Versorgungskonzepte auf der interdisziplinären Zusammenarbeit verschiedener Leistungserbringer beruhen. Wünschenswert wäre die Etablierung geriatrischer Schwerpunktpraxen und Geriatriezentren, welche zur Unterstützung der Hausärzte und zur Verbesserung der Versorgung über 65-Jähriger beitragen.

Alters- und Geschlechtsunterschiede haben über alle Altersgruppen in der Bevölkerung hinweg Auswirkungen auf die Versorgungsstruktur und den zu erwartenden Bedarf an psychotherapeutischen Leistungen (Robert Koch-Institut, 2009). Demzufolge sollten demographische Veränderungen „Gegenstand weiterer gesundheitspolitischer Überlegungen zur Bedarfsplanung und -deckung sein" (Walendzik, Rabe-Menssen, Lux et al., 2012, S.130). Darüber hinaus sollte in Zukunft die Versorgungsforschung im Bereich der Psychotherapie im Alter weiter verstärkt werden, um die psychotherapeutische Versorgungslage älterer Menschen zu optimieren.

Zusammenfassung

In den nächsten Jahrzehnten wird der Anteil älterer Menschen in Deutschland weiter steigen. Die Folgen demographischer Veränderungen sind weitreichend und betreffen auch die gesundheitliche Versorgung (Bundesministerium des Innern, BMI, 2011). Insbesondere die medizinische und psychotherapeutische Versorgung stellt, aufgrund der komplexen Bedürfnisse älterer Menschen, eine besondere Herausforderung dar (Sächsisches Staatsministerium für Soziales und Verbraucherschutz, 2010). Derzeit leiden rund ein Viertel der älteren Menschen unter psychischen Krankheitssymptomen (Best, Lubisch & Weidhaas, 2012). Hinsichtlich der psychotherapeutischen Versorgung weisen bisherige Untersuchungen auf eine Unterversorgung über 65-Jähriger hin.

Um den aktuellen Status quo der psychotherapeutischen Versorgungslage älterer Menschen in der Bundesrepublik Deutschland abzubilden wurde eine systematische Literaturrecherche durchgeführt. Die Zielgruppe umfasste Personen ab dem 65. Lebensjahr, welche unter psychischen Erkrankungen litten. Diese Arbeit beschäftigte sich mit folgenden Fragestellungen: wie ist die Altersgruppe der 65-Jährigen und Älteren in Hinsicht auf psychotherapeutische Behandlungen versorgt, wie viele der älteren Menschen erhalten eine adäquate Behandlung und wie sieht das Inanspruchnahmeverhalten Älterer bezüglich der Nutzung psychotherapeutischer Behandlungsangebote aus.

Insgesamt konnten 20 themenrelevante Artikel identifiziert werden. Eine umfassende Abbildung der Versorgungslage älterer Menschen in Deutschland war nicht möglich. Trotz unterschiedlicher Operationalisierungen einzelner Konzepte konnte eine Unter- bzw. Fehlversorgung älterer Menschen mit psychischen Erkrankungen festgestellt werden. Gründe der geringen Inanspruchnahme psychotherapeutischer Behandlungen können sowohl auf Seiten der Älteren als auch auf Seiten der Behandelnden gesehen werden. Das zukünftige Ziel gesundheitspolitischer Überlegungen sollte eine an demographischen Veränderungen orientierte Versorgung sein.

Schlüsselwörter: Alter, ältere Menschen, Geriatrie, Gesundheitsversorgung, Inanspruchnahme, psychische Störung, Psychotherapie

Abstract

The proportion of older people in Germany will continue to increase in the next decades. The consequences of demographic changes are far reaching and affect the healthcare (Federal ministry of internal affairs, 2011). In particular the medical and psychotherapeutic care represents due to the complex needs of older people a specific challenge (Saxon State Ministry of Social Affairs and consumer protection, 2010). Currently a quarter of the elderly suffer from symptoms of a mental disease (Best, Lubisch & Weidhaas, 2012). With regard to the psychotherapeutic care of the 65 year old and over, previous studies indicate an undersupply of this age group.

A systematic literature review was carried out to reflect the current status quo in the psychotherapeutic supply situation of older people in Germany. The target group comprised persons over the age of 65, who suffered from mental illness. Following issues were edited: How is the age group of 65 years and older cared for with respect to psychotherapeutic treatment; how many elderly people receive an adequate psychotherapeutic treatment and how does the utilization behavior of the elderly look like with regard to psychotherapeutic treatments.

A total of 20 related articles have been identified. A comprehensive picture of the situation of older people in Germany was not possible. Despite different operationalization of concepts could an inaccurate or incorrect care of older people with mental illnesses be determined. Reasons for low utilization of psychotherapeutic treatments can be seen in the older people but also by doctors and psychotherapists. The future goal of health consideration should be supply-oriented in relation to demographic changes.

Keywords: age, geriatrics, health care, mental disorder, old people, psychotherapy, utilization

Literaturverzeichnis

Albani, C., Blaser, G., Geyer, M., Schmutzer, G., & Brähler, E. (2010). Ambulante Psychotherapie in Deutschland aus Sicht der Patienten. Teil 1: Versorgungssituation. Psychotherapeut, 55(6), 503–514.

Best, D., Lubisch, B., & Weidhaas, H.-J. (2012). Symposium der Deutschen PsychotherapeutenVereinigung (DPtV) in Berlin zum Thema Psychotherapie in einer älter werdenden Gesellschaft, 2012 (S. 1–11).

Bundesministerium für Familie, Senioren, Frauen und Jugend (2011). Was heißt schon alt? - Bildband [Online]. Verfügbar unter: http://www.bmfsfj.de/RedaktionBMFSFJ/Broschuerenstelle/Pdf-Anlagen/Was-hei_C3_9Ft-schon-alt_3F-Bildband,property=pdf,bereich=bmfsfj,sprache=de,rwb=true.pdf [28.11.2013].

Bundesministerium des Innern (Hrsg.). (2011). Demografiebericht. Niestetal: Silber Druck oHG.

Bundesministerium für Gesundheit (2014). Kassenleistung Psychotherapie [Online]. Verfügbar unter: http://www.bmg.bund.de/krankenversicherung/leistungen/psychotherapie.html [22.02.2014].

Bundesregierung (2010). Sechster Bericht zur Lage der älteren Generation in der Bundesrepublik Deutschland: Altersbilder in der Gesellschaft. Berlin: H. Heenemann GmbH & Co.

Bundesverband Geriatrie e.V. (Hrsg.). (2010). Weißbuch Geriatrie; Die Versorgung geriatrischer Patienten: Strukturen und Bedarf - Status Quo und Weiterentwicklung, Eine Analyse durch die GEBERA Gesellschaft für betriebswirtschaftliche Beratung mbH (2., durchgesehene Aufl.). Stuttgart: Kohlhammer.

Böhm, K., Tesch-Römer, C., & Ziese, T. (Hrsg.). (2009). Beiträge zur Gesundheitsberichterstattung, Gesundheit und Krankheit im Alter. Berlin: Robert Koch-Institut.

Bühring, P. (2012). Psychotherapie älterer Menschen. Vorbehalte in den Köpfen. Deutsches Ärzteblatt, Jg. 109, 26 , (1360–1361).

Davison, G. C., Neale, J. M., & Hautzinger, M. (2007). Klinische Psychologie : Ein Lehrbuch. (7., vollständig überarbeitete und erweiterte Aufl.) Weinheim: Beltz Psychologie Verlags Union.

Deutsche Gesellschaft für Verhaltenstherapie e.V. (DGVT) (2013). Fachgruppe: Ältere Menschen in der psychosozialen Versorgung [Online]. Verfügbar unter: http://www.dgvt.de/dgvt/verein/fachgruppen/altere-menschen-in-der-psychosozialen-versorgung/portrait/ [14.11.2013].

Erlemeier, N. (2004). Alterspsychotherapie: Eine Standortbeschreibung. Zeitschrift für Gerontopsychologie & -psychiatrie, 17(4), 207–213.

Gatterer, G. (2008). Psychotherapie und klinisch-psychologische Maßnahmen im Alter. Zeitschrift für Gerontopsychologie und -psychiatrie, 21(1), 21–32.

Gemeinsamer Bundesausschuss (2014). Richtlinie über die Bedarfsplanung sowie die Maßstäbe zur Feststellung von Überversorgung und Unterversorgung in der vertragsärztlichen Versorgung [Online]. Verfügbar unter: https://www.g-ba.de/downloads/62-492-751/BPL-RL_2013-06-20.pdf [31.03.2014].

Gemeinsamer Bundesausschuss (2014). Richtlinie über die Durchführung der Psychotherapie [Online]. Verfügbar unter: http://www.g-ba.de/downloads/62-492-713/PT-RL_2013-04-18.pdf [25.02.2014].

Glaesmer, H., Gunzelmann, T., Martin, A., Brähler, E., & Rief, W. (2008). Die Bedeutung psychischer Beschwerden für die medizinische Inanspruchnahme und das Krankheitsverhalten Älterer. Psychiatrische Praxis, 35(4), 187–193.

Gutzmann, H. (2007). Gerontopsychiatrie: vom Rand ins Zentrum. Psychiatrische Praxis; 34, 105–107.

Gutzmann, H. (2013). The health care situation of the mentally ill elderly in Germany. Geriatric Mental Health Care, 1, 20–25.

Grünheid, E., & Fiedler, C. (2013). Bevölkerungsentwicklung und Alterung. In Bundesinstitut für Bevölkerungsforschung (Hrsg.), Bevölkerungsentwicklung: Daten, Fakten, Trends zum demografischen Wandel (S.6–20). Wiesbaden: Bundesinstitut für Bevölkerungsforschung.

Hermens, T. (2008). Ambulante Geriatrie. Geriatrie News, 4, 3.

Hoffmann, E., & Nachtmann, J. (2007). Alter und Pflege. GeroStat- Report Altersdaten, 3, 1–28.

Haupt, M., & Vollmar, H. C. (2008). Psychische Erkrankungen bei älteren Patienten. In F. Schneider & W. Niebling (Hrsg.), Psychische Erkrankungen in der Hausarztpraxis (S.519–532). Heidelberg: Springer Medizin Verlag.

Heuft, G., Kruse, A., & Radebold, H. (2006). Lehrbuch der Gerontopsychosomatik und Alterspsychotherapie. München: Reinhardt.

Heuft, G. (2008). Therapie-Indikation im Alter. Geriatrie-Journal, 10 (6), 32–34.

Hirsch, R. D. (2011). Psychotherapie mit Hochbetagten. In H. G. Petzold, E. Horn, & L. Müller (Hrsg.), Hochaltrigkeit: Herausforderung für persönliche Lebensführung und biopsychosoziale Arbeit (S.147–163). Wiesbaden: VS Verlag für Sozialwissenschaften.

Hoffmann, E., Menning, S., & Schelhase, T. (2009). Demografische Perspektiven zum Altern und zum Alter. In Böhm, K., Tesch-Römer, C., Ziese, T. (Hrsg.), Beiträge zur Gesundheitsberichterstattung, Gesundheit und Krankheit im Alter (S.21–30). Berlin: Robert Koch-Institut.

Imai, T., Telger, K., Wolter, D., & Heuft, G. (2008). Versorgungssituation älterer Menschen hinsichtlich ambulanter Richtlinien-Psychotherapie. Zeitschrift für Gerontologie und Geriatrie, 41, 486–496.

Jacobi, F., & Harfst, T. (2011). Zum Behandlungsbedarf an klinisch-psychologischen Interventionen. Report Psychologie, 36(3), 111–113.

Kassenärztliche Bundesvereinigung (2011). Grunddaten zur vertragsärztlichen Versorgung in Deutschland [Online]. http://www.kbv.de/media/sp/Grunddaten_2011.pdf [22.02.2014].

Kinzl, J.F. (2013). Psychische Erkrankungen bei Frauen und Männer im Alter. Zeitschrift für Gerontologie und Geriatrie, 46, 526–531.

Kruse, J., & Herzog, W. (2012). Zwischenbericht zum Gutachten: Zur ambulanten psychosomatischen/psychotherapeutischen Versorgung in der kassenärztlichen Versorgung in Deutschland – Formen der Versorgung und ihre Effizienz. Berlin: Kassenärztliche Bundesvereinigung.

Kuhlmey, A. (2009). Spezielle Versorgungsanforderungen bei älteren und alten Menschen: Im Spiegel des neuen Sachverständigenratsgutachtens. Zeitschrift für Gerontologie und Geriatrie, 42, 425–431.

Kuhlmey, A., Winter, M. H.-J., Maaz, A., Hofmann, W., Nordheim, J., & Borchert, C. (2003). Alte Frauen und Männer mit starker Inanspruchnahme des Gesundheitswesens – Ein Beitrag zur altersspezifischen Versorgungsforschung. Zeitschrift für Gerontologie und Geriatrie, 36, 233–240.

Lehr, U. (2006). Demographischer Wandel. In W. D. Oswald (Hrsg.), Gerontologie: Medizinische, psychologische und sozialwissenschaftliche Grundbegriffe (3., vollst. überarb. Aufl.; S.159–164). Stuttgart: Kohlhammer.

Maercker, A. (Hrsg.). (2002). Alterspsychotherapie und klinische Gerontopsychologie. Berlin: Springer.

Meinck, M. (2003). Rehabilitation im Alter. Eine empirische Untersuchung ambulanter geriatrischer Rehabilitationsmaßnahmen. Unveröffentlichte Dissertation, Technische Universität Berlin.

Oswald, W. D., Lehr, U., Sieber, C., & Kornhuber, J. (Hrsg.). (1991). Gerontologie: Medizinische, psychologische und sozialwissenschaftliche Grundbegriffe. Stuttgart: Kohlhammer.

Ozegowski, S., & Sundmacher, L. (2012). Wie "bedarfsgerecht" ist die Bedarfsplanung? Eine Analyse der regionalen Verteilung der vertragsärztlichen Versorgung. Gesundheitswesen, 74 (10), 1–23.

Perrig-Chiello, P., & Hutchison, S. (2009). Health and well-being in old age: the pertinence of a gender mainstreaming approach in research. Gerontology, 56, 208–213.

Préville, M., Boyer, R., Vasiliadis, H.-M., Grenier, S., Streiner, D., Cairney, J., & Brassard, J. (2010). Persistence and remission of psychiatric disorders in the quebec older adult population. Canadian Journal Of Psychiatry. Revue Canadienne De Psychiatrie, 55(8), 514–522.

Rabe-Menssen, C. (2009). Niedrige Erkennensrate psychischer Erkrankungen. Psychotherapie Aktuell, 2, 16–19.

Rabe-Menssen, C. (2011). Barrieren der Inanspruchnahme ambulanter Psychotherapie bei älteren Menschen. Psychotherapie Aktuell, 4, 12–16.

Rabe-Menssen, C. (2014). Warum Versorgungsforschung? [Online]. Verfügbar unter: http://www.deutschepsychotherapeutenvereinigung. de/index.php?id=952&no_cache=1&sword_list[]=ve rsorgung [24.02.2014].

Rattay, P., Butschalowsky, H., Rommel, A., Prütz, F., Jordan, S., Nowossadeck, E., Domanska, O., & Kamtsiuris, P. (2013). Inanspruchnahme der ambulanten und stationären medizinischen Versorgung in Deutschland: Ergebnisse der Studie zur Gesundheit Erwachsener in Deutschland (DEGS1). Bundesgesundheitsblatt, 56, 832–844.

Robert Koch-Institut (2010). Beiträge zur Gesundheitsberichterstattung, Depressive Erkrankungen. Berlin: Robert Koch-Institut.

Robert Koch-Institut (2008). Beiträge zur Gesundheitsberichterstattung, Psychotherapeutische Versorgung. Berlin: Robert Koch-Institut.

Robert Koch-Institut (2009). 20 Jahre nach dem Fall der Mauer: Wie hat sich die Gesundheit in Deutschland entwickelt?. Berlin: Robert Koch-Institut.

Robert Koch-Institut (2012). Beiträge zur Gesundheitsberichterstattung KOMPAKT, Demografische Alterung und Folgen für das Gesundheitswesen. Berlin: Robert Koch-Institut.

Schneider, F., & Niebling, W. (Hrsg.).(2008). Psychische Erkrankungen in der Hausarztpraxis. Heidelberg: Springer Medizin Verlag.

Schulz, H., Barghaan, D., Harfst, T., & Koch, U. (2008). Gesundheitsberichterstattung des Bundes: Psychotherapeutische Versorgung. Berlin: Robert Koch-Institut.

Sieber, C. (2006). Geriatrie. In W. D. Oswald, U. Lehr, C. Sieber & J. Kornhuber (Hrsg.), Gerontologie: Medizinische, psychologische und sozialwissenschaftliche Grundbegriffe (S. 189–193). Stuttgart: Kohlhammer.

Soeder, U. (2002). Störungsepidemiologie: Prävalenz, Behandlungsbedarf und Versorgung von psychischen Störungen. In A. Maercker (Hrsg.), Alterspsychotherapie und klinische Gerontopsychologie (S.60–72). Berlin; Heidelberg, New York: Springer.

Sozialgesetzbuch (SGB) Fünftes Buch (V) (2014). Gesetzliche Krankenversicherung [Online]. Verfügbar unter: http://www.gesetze-im-internet.de/bundesrecht/sgb_5/gesamt.pdf [25.02.2014].

Statistisches Bundesamt (Hrsg.). (2009). Bevölkerung Deutschlands bis 2060: 12. koordinierte Bevölkerungsvorausberechnung. Wiesbaden: Statistisches Bundesamt.

Statistisches Bundesamt (Hrsg.). (2012).Gesundheit im Alter. Wiesbaden: Statistisches Bundesamt.

Statistische Ämter des Bundes und der Länder (Hrsg.) (2013). Zensusdatenbank des Zensus 2011 [Online]. Verfügbar unter: https://ergebnisse.zensus2011.de/ [26.11.2013].

Steinhagen-Thiessen, E., & Borchelt, M. (1996). Morbidity, Medication, and Functional Limitations in Very Old Age. In Baltes, P. (Ed.), & Mayer, K. (Ed.). (1999). The Berlin Aging Study : Aging from 70 to 100. A research project of the Berlin-Brandenburg Academy of Sciences. Cambridge: Cambridge University Press.

Stolz, M. (2007). Psychiatrie in Deutschland – Strukturen, Leistungen, Perspektiven. Baden- Württemberg: Gesundheitsministerkonferenz der Länder.

Sächsisches Staatsministerium für Soziales und Verbraucherschutz (Hrsg.). (2010). Geriatriekonzept des Freistaates Sachsen. Bautzen: Lausitzer Druck- und Verlagshaus GmbH.

Tesch-Römer, C., & Wurm, S. (2009). Wer sind die Alten? Theoretische Positionen zum Alter und Altern. In Böhm, K., Tesch-Römer, C., Ziese, T. (Hrsg.), Beiträge zur Gesundheitsberichterstattung, Gesundheit und Krankheit im Alter (S.8–20). Berlin: Robert Koch-Institut.

Thane, P. (1978). The muddled history of retiring at 60 and 65. In WHO (2014), Definition of an older or elderly person: Proposed Working Definition of an Older Person in Africa for the MDS Project [Online]. Verfügbar unter: http://www.who.int/healthinfo/survey/ageingdefnold er/en/ [27.01.2014].

Tophoven, C., & Wessels, T. (Hrsg.). (2012). Neue Versorgungskonzepte zur Behandlung psychischer Erkrankungen. München: Psychotherapeutenverlag.

van den Bussche, H., Niemann, D., Kaduszkiewicz, H., Schäfer,I., Koller, D., Hansen,H., Scherer,M., Glaeske, G. et al. (2013). Mit welchen chronischen Krankheiten ist eine Häufignutzung der vertragsärztlichen Versorgung in der älteren Bevölkerung assoziiert? - Eine Analyse auf der Basis von GKV-Abrechnungsdaten. Zeitschrift für Evidenz, Fortbildung und Qualität im Gesundheitswesen, 107, 442–450.

van den Heuvel, D., Veer, A., & Greuel, H.-W. (2014). Geriatrische Versorgungsstrukturen in Deutschland: Der Geriatrische Versorgungsverbund als bedarfsgerechte Weiterentwicklung. Zeitschrift für Gerontologie und Geriatrie, 47, 13–16.

Walendzik, A., Rabe-Menssen, C, Lux, G., Wasem, J., & Jahn, R. (2010). Erhebung zur Ambulanten psychotherapeutischen Versorgung. Deutsche Psychotherapeutenvereinigung, Universität Duisburg-Essen.

Walter, U. (2007). Altern und Altersbilder. Public Health Forum, 57, 1–3.

Weyerer, S., & Bickel, H. (2007). Epidemiologie psychischer Erkrankungen im höheren Lebensalter. Stuttgart: Kohlhammer.

Willkomm, M. (2013). Praktische Geriatrie: Klinik - Diagnostik - Interdisziplinäre Therapie. Stuttgart: Georg Thieme Verlag.

Wittchen, H.-U., & Hoyer, J. (Hrsg.). (2006). Klinische Psychologie und Psychotherapie. Berlin: Springer.

Wittchen, H. U., Jacobi, F. F., Rehm, J. J., Gustavsson, A. A., Svensson, M. M., Jönsson, B. B., & ... Steinhausen, H. C. (2011). The size and burden of mental disorders and other disorders of the brain in Europe 2010. European Neuropsychopharmacology, 21(9), 655-679.

Zank, S., Peters, M., & Wilz, G. (2010). Klinische Psychologie und Psychotherapie des Alters. Stuttgart: Kohlhammer.

Anhang

Anhang 1

Auszug: G-BA Bedarfsplanungs- Richtlinie (Stand: 20. Juni 2013)

§ 12 Allgemeine fachärztliche Versorgung, Absatz 2, 8., Satz 1

- Differenzierung der Arztgruppe der Psychotherapeuten -

„Zur Arztgruppe der Psychotherapeuten gehören gemäß § 101 Absatz 4 Satz 1 SGB V die überwiegend oder ausschließlich psychotherapeutisch tätigen Ärzte, die Fachärzte für Psychotherapeutische Medizin, die Fachärzte für Psychosomatische Medizin und Psychotherapie, die Psychologischen Psychotherapeuten sowie Kinder- und Jugendlichenpsychotherapeuten...“

Anhang 2

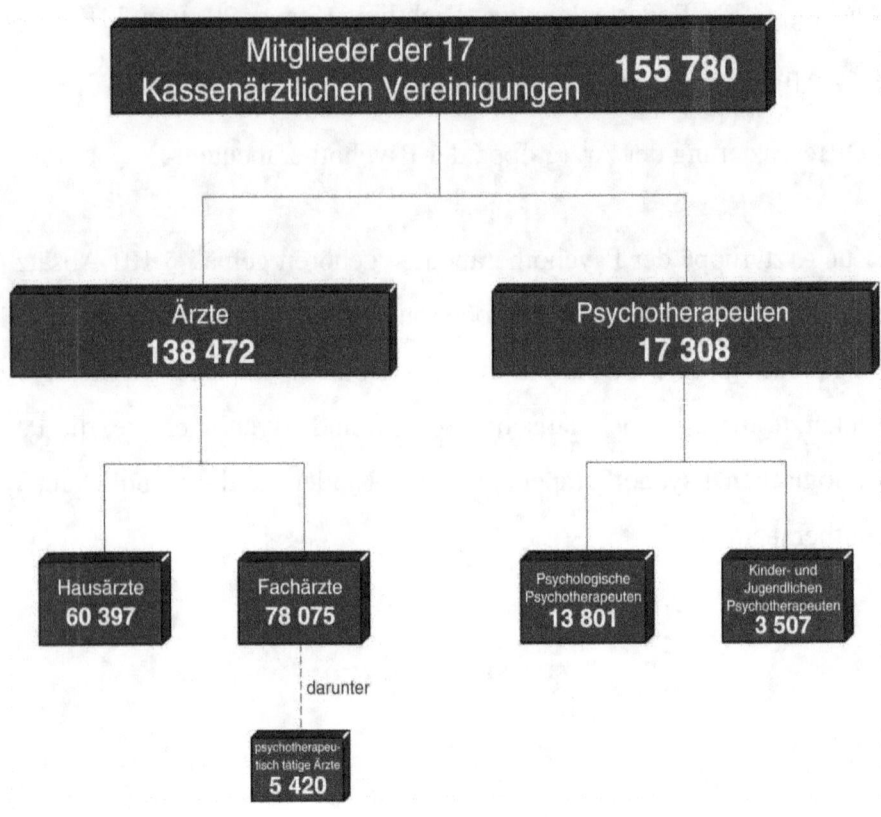

Quelle: Bundesarztregister der KBV   1 einschließlich ermächtigter Ärzte und Psychotherapeuten

Abbildung 1.5.1: Struktur der Mitglieder in den KVn
(Quelle: KBV Grunddaten zur vertragsärztlichen Versorgung in Deutschland)

Anhang 3

Tabelle 3.2.1: Trefferzahl Handsuche I (komplett)

Handsuche I	Anzahl der Treffer	Anzahl relevanter Treffer
(J01) Zeitschrift für Gerontopsychologie & -psychiatrie	7	1
(J02) Zeitschrift für Gerontologie und Geriatrie	16	2
(J03) Journal für Psychologie	0	0
(J04) Zeitschrift für Psychologie / Journal of Psychology	0	0
(J05) Zeitschrift für Psychiatrie, Psychologie und Psychotherapie (ZPPP)	2	0
(J06) German Journal of Psychiatry	0	0
(J07) GeroStat Report Altersdaten	2	0
(J08) Geriatrie-Journal	4	1
(J09) Geriatrie News	1	0
(J10) Versorgungsforschung aktuell	0	0
(J11) Clinical Psychology & Psychotherapy	0	0
(J12) Psychogeriatrics	0	0
(J13) Counseling & Clinical Psychology Journal	0	0
(J14) Developmental Psychology	0	0
(J15) GeroPsych: The Journal of Gerontopsychology	0	0

and Geriatric Psychiatry

(J16) Health Psychology Research	0	0
(J17) Journal of Clinical Geropsychology	0	0
(J18) Psychology and Aging	0	0
(J19) International Journal of Geriatric Psychiatry	0	0
(J20) Gerontology (formerly: Gerontologia)	0	0
(J21) Current Gerontology and Geriatrics Research	0	0
(J22) Geriatrics	1	0
(J23) Geriatrics & Gerontology International	0	0
(J24) Internet Journal of Geriatrics and Gerontology, The	0	0
(J25) Journal of Clinical Gerontology and Geriatrics	0	0
(J26) Gerontologist, The	0	0
(J27) Geriatric Mental Health Care	2	1
(J28) Health Care Management Review	0	0
(J29) Health Care Management Science	0	0
(J30) Healthcare : The Journal of Delivery Science and Innovation	0	0
(J31) Zeitschrift für Evidenz, Fortbildung und Qualität im Gesundheitswesen	6	1
(J32) European Journal of Geriatrics	0	0

Anhang 4

Tabelle 3.4.2: Übersicht der recherchierten Literatur nach Analysekriterien (Kapitel 2.7) und Inhalt

Text: Albani, C., Blaser, G., Geyer, M., Schmutzer, G., & Brähler, E. (2010). Ambulante Psychotherapie in Deutschland aus Sicht der Patienten. Teil 1: Versorgungssituation. Psychotherapeut, 55(6), 503-514.

Altersgruppe: ≥ 65 Jahre

Psychische Störung: keine spezifische Störung betreffend

Versorgungssektor: ambulant

Inhalt:

- leichte Unterrepräsentation älterer Menschen im Fachbereich Psychotherapie
- relativ hoher Anteil der über 60-jährigen Männer berichtet über Erfahrungen mit ambulanter Psychotherapie
- deutliche Unterschiede zwischen den Altersgruppen im Inanspruchnahmeverhalten ermittelt:

  → ambulante Psychotherapie von den über 65-Jährigen am wenigsten genutzt
- Versorgungsdefizit im ambulanten psychotherapeutischen Bereich für Personen mit chronischen Erkrankungen
- unzureichende Diagnostik psychischer Erkrankungen sowie entsprechende Behandlungsempfehlungen in der Primärversorgung
- hohes qualitatives Niveau psychotherapeutischer Versorgung im Kontrast zu quantitativem Versorgungsdefizit
- Defizite im Bereich der psychotherapeutisch/psychosomatischen Versorgungsforschung

Text: Best, D., Lubisch, B., & Weidhaas, H.-J. (2012). Symposium der Deutschen PsychotherapeutenVereinigung (DPtV) in Berlin zum Thema Psychotherapie in einer älter werdenden Gesellschaft, 2012 (S. 1-11).

Altersgruppe: ≥ 70 Jahre

Psychische Störung: keine spezifische Störung betreffend

Versorgungssektor: ambulant

Inhalt:

- in den Praxen sehr geringer Anteil von Patienten über 70 Jahre psychotherapeutisch behandelt: knapp über 1 %
- Steile Abnahme der Häufigkeit von Psychotherapien spätestens ab 60 Jahren
  → kaum noch Inanspruchnahme einer Psychotherapie ab 75 Jahren (zitiert nach Barmer GEK)

Text: Bundesverband Geriatrie e.V. (Hrsg.). (2010). Weißbuch Geriatrie; Die Versorgung geriatrischer Patienten: Strukturen und Bedarf - Status Quo und Weiterentwicklung, Eine Analyse durch die GEBERA Gesellschaft für betriebswirtschaftliche Beratung mbH (2., durchgesehene Auflage). Stuttgart: Kohlhammer.

Altersgruppe: ≥ 70 Jahre

Psychische Störung: keine spezifische Störung betreffend

Versorgungssektor: stationär

Inhalt:

- Zunahme u.a. der Inanspruchnahme verschiedener Fachrichtungen/-bereiche sowie Anstieg der Fallzahlen und Abnahme der durchschnittlichen Verweildauer in der Akut-Geriatrie (zitiert nach Destatis[1], 2002-2007)
- deutlich gestiegener Bedarf geriatrischer Versorgung

---

[1] Destatis: Statistisches Bundesamt

- „der tatsächliche Versorgungsbedarf wird nicht vollumfänglich abgedeckt" (S.71)
- nicht alle älteren Menschen finden Zugang zu entsprechenden Versorgungsstrukturen
- nicht ausreichend gesicherte Identifizierung des geriatrischen Behandlungsbedarfs in akutstationären Fachbereichen (S.79)
- Bestehen einer geriatrisch-fachspezifischen Unterversorgung
- Heterogenität geriatrischer Versorgungsstrukturen in Deutschland
- kontinuierlicher Anstieg der Inanspruchnahme geriatrischer Versorgungsstrukturen
- geringer Anstieg der geriatrischen Kapazitäten
- Unterversorgung im Bereich des geriatrischen Behandlungsbedarfs
- ein Teil älterer Menschen wird zurzeit nicht adäquat -dem geriatrischen Behandlungsbedarfs entsprechend- behandelt
- Prognose: Kapazitäten der geriatrischer Versorgungsstrukturen nicht ausreichend, um zukünftigen Versorgungsbedarf fachspezifisch zu decken

Text: Böhm, K., Tesch-Römer, C., & Ziese, T. (Hrsg.). (2009). In Beiträge zur Gesundheitsberichterstattung, Gesundheit und Krankheit im Alter. Berlin: Robert-Koch-Institut.

Altersgruppe: ≥ 65 Jahre

Psychische Störung: keine spezifische Störung betreffend

Versorgungssektor: stationär & ambulant

Inhalt:

- geringer Anteil älterer Menschen, welche in Fachabteilungen für Psychiatrie und Psychotherapie versorgt werden: unter 1% (S.143)
- Unterversorgung alter Menschen mit psychischen und neurologischen Krankheitsbildern
- zukünftig ist eine Verschlechterung der Versorgungssituation ist zu erwarten
- Inanspruchnahme ambulanter Psychotherapien bei Versicherten ab 65 Jahren ist selten:

o in der Altersgruppe der 75-79-Jährigen: ♂ 0,1% und ♀ 0,3 % (zitiert nach GEK[2], 2007)

- Anteil der 65-Jährigen und Älteren im Akut-Krankenhaus (Abteilung Psychiatrie und Psychotherapie): 18,3% (zitiert nach Statistisches Bundesamt, 2007)
- Inhomogenität der regionalen Verteilung des stationären Versorgungsangebotes zulasten älterer Menschen
- erhebliche Unterschiede der Versorgungsstrukturen einzelner Bundesländer
- stationär geriatrische Versorgung (2006): Verteilung der zur Verfügung stehenden geriatrischen Betten in Reha-Kliniken (insg. 5.977) auf Fachabteilungen für Klinische Geriatrie…
  o (1)… 98 innerhalb der Inneren Medizin,
  o (2)… 18 innerhalb der Neurologie,
  o (3)… 2 innerhalb der Psychiatrie/ Psychotherapie
  → Versorgungsquote entspricht: 6,5 „akut-geriatrischen" bzw. 3,7 „reha-geriatrischen" Betten pro 10.000 Personen ab 65 Jahren

Text: Bühring, P. (2012). Psychotherapie älterer Menschen. Vorbehalte in den Köpfen. Deutsches Ärzteblatt, Jg. 109, 26 , (1360- 1361).

Altersgruppe: ≥ 60 Jahre

Psychische Störung: Depression; Schlafstörungen; somatoforme Störungen; Angststörungen; Sucht- und Abhängigkeitserkrankungen

Versorgungssektor: ambulant

Inhalt:

- psychotherapeutische Behandlung über 60-Jähriger in Deutschland nur 1,5 %
  → weitaus höherer Bedarf vorhanden (Bühring zitiert nach Lehr, 2012)
- Erreichbarkeit und Inanspruchnahme:
  o 2% der über 65-Jährigen nutzen Psychotherapie
  o 3,7% dieser Altersgruppe erhielten Psychopharmaka

---

[2] GEK: Gmündner Ersatzkasse

Text: Gatterer, G. (2008). Psychotherapie und klinisch-psychologische Maßnahmen im Alter. Zeitschrift für Gerontopsychologie und -psychiatrie, 21(1), 21-32.

Altersgruppe: ≥ 60 Jahre

Psychische Störung: keine spezifische Störung betreffend

Versorgungssektor: ambulant

Inhalt:

- „Psychotherapie im Alter eine noch immer sehr vernachlässigte Fachdisziplin" (S.21, zitiert nach Gatterer, 1994; Maercker, 2002)
- Problem des Fehlens einer Definition altersbedingter, „krankheitswertiger Veränderungen" (S.22)
- keine adäquate Auskunft über die „Gesundheit" älterer Menschen mithilfe statistischer Kennzahlen möglich (S.22)

Text: Glaesmer, H., Gunzelmann, T., Martin, A., Brähler, E., & Rief, W. (2008). Die Bedeutung psychischer Beschwerden für die medizinische Inanspruchnahme und das Krankheitsverhalten Älterer. Psychiatrische Praxis, 35(4), 187-193.

Altersgruppe: 50 bis 92 Jahre

Psychische Störung: Depression; Somatisierungsstörung; Panikstörung

Versorgungssektor: stationär & ambulant

Inhalt:

- Ziel: Erfassung der Bedeutung psychischer Beschwerden für die medizinische Inanspruchnahme und das Krankheitsverhalten bei älteren Personen
- Ergebnis: Psychische Beschwerden gehen mit erhöhter Inanspruchnahme und verändertem Krankheitsverhalten einher (v.a. primärärztliche Versorgung wird in Anspruch genommen)

Text: Gutzmann, H. (2007). Gerontopsychiatrie: vom Rand ins Zentrum. Psychiatrische Praxis; 34, 105-107.

Altersgruppe: ≥ 65 Jahre

Psychische Störung: keine spezifische Störung betreffend

Versorgungssektor: stationär

Inhalt:

- Prognose: in den nächsten 30 Jahren Anstieg der Zahl der psychisch kranken Älteren (auch ohne den Einbezug der Demenzkranken) um 275%
- Abnahme des Anteils älterer Patienten im stationären Bereich:
  - o psychiatrische Krankenhäuser: von 17,6 auf 16,7%
  - o psychiatrische Abteilungen: von 14,6 auf 12,4%
- deutlicher Anstieg der Kapazität an Heimplätzen
- „das kalendarische Alter als Kriterium für die Rationierung medizinischer Güter und Dienstleistungen" (S.2)

Text: Gutzmann, H. (2013). The health care situation of the mentally ill elderly in Germany. Geriatric Mental Health Care, 1, 20-25.

Altersgruppe: ≥ 65 Jahre

Psychische Störung: Demenz; Depression; Delir, Schizophrenie

Versorgungssektor: stationär & ambulant

Inhalt:

- latente Unterversorgung besteht im stationären Sektor psychogeriatrischer Versorgung → ältere Menschen erhalten keine angemessene Behandlung
- Anteil älterer Menschen in der stationären psychotherapeutischen Versorgung 2% (zitiert nach Heuft, 2011)
- in der ambulanten psychotherapeutischen Versorgung - gegenteilig zur demographischen Entwicklung - prozentualer Rückgang des Anteils ältere Menschen (zitiert nach Gutzmann, 2001)

Text: Heuft, G., Kruse, A., & Radebold, H. (2006). Lehrbuch der Gerontopsychosomatik und Alterspsychotherapie. München: Reinhardt.

Altersgruppe: ≥ 60 Jahre

Psychische Störung: keine spezifische Störung betreffend

Versorgungssektor: stationär & ambulant

Inhalt:

- „Diskrepanz zwischen Behandlungsbedarf und Versorgungsrealität" (S.215)
- Vorhandensein eines nicht spezifizierbarer Bedarfs psychotherapeutischer Leistungen bei über 65-Jährigen (Psychiatrie-Enquete, 1975)
- geschätzter Bedarf psycho- und soziotherapeutischer Hilfestellungen für die Gruppe der über 65-Jährigen: 7% (zitiert nach Dilling & Weyerer, 1978, 1984)
- Bedarf einer psychosomatischer Behandlung bei über 80-Jährigen: 17,6% (zitiert nach Stuhr & Haag, 1989)
- Annahme eines hohen Beratungsbedarfs in der Altersgruppe ab 60 Jahren (zitiert nach Egartner et al., 1995)
- Behandlungsbedarf bei den über 65-Jährigen im ambulanten Bereich psychotherapeutischer Versorgung: 0,31% (zitiert nach dem Zentralinstitut für die Kassenärztliche Versorgung)
- Anteil der über 65-Jährigen an den Anträgen einer verhaltenstherapeutischen Langzeittherapie: 0,2% (zitiert nach Linden, 1993,1999)
- Anteil der über 65-Jährigen in psychotherapeutischen Praxen (im IV. Quartal 1994): 0,3% (zitiert nach Scheidt, 1998)
- BASE[3]: 26,8% der über 70-Jährigen an Depression Erkrankten erhielten ein Psychopharmakotherapie
  → keine Überweisung zu Nervenarzt & keine psychotherapeutische Behandlung (zitiert nach Wernicke & Linden, 1997)

---

[3] BASE: Berliner Altersstudie

Text: Heuft, G. (2008). Therapie-Indikation im Alter. Geriatrie-Journal, 10 (6), 32-34.

Altersgruppe: ≥ 60 Jahre

Psychische Störung: somatoforme Störungen; Anpassungsstörungen

Versorgungssektor: ambulant

Inhalt:

- psychotherapeutische Unterversorgung älterer Menschen verglichen mit ihrem Anteil an der Gesamtbevölkerung

Text: Imai, T., Telger, K., Wolter, D., & Heuft, G. (2008). Versorgungssituation älterer Menschen hinsichtlich ambulanter Richtlinien-Psychotherapie. Zeitschrift für Gerontologie und Geriatrie, 41, 486-496.

Altersgruppe: bis Altersgruppe: ≥ 70 Jahre

Psychische Störung: Neurosen; Persönlichkeitsstörungen; mittelschwere bis schwere Demenzen; Psychosen

Versorgungssektor: ambulant

Inhalt:

- „[…] eklatante Unterversorgung" (S.488) älterer Menschen (≥60 J.) bzgl. ambulanter Richtlinien-
Psychotherapie
- laut Praxisstudie der DGPT[4] (1989): Anteil der in Psychotherapie befindlichen ≥60- Jährigen 1%
- Anteil der in Psychotherapie befindlichen ≥60- Jährigen 0,6% (zitiert nach Fichtner, 1990)
- laut Planungsgutachten zur gerontopsychiatrischen Versorgung der Stadt Solingen (1996): Anteil der ≥65- Jährigen 0,6%
- Befragung psychotherapeutischer Praxisinhaber bzgl. ihrer ambulanten psychotherapeutischen Behandlungen (Solingen, 1996): Anteil der >65-Jährigen 0,3%
- Anteil der nach Richtlinienpsychotherapie behandelten älteren Menschen mit einer depressiven Erkrankung 0,6% (zitiert nach Arolt & Schmidt, 1992)

---

[4] DGPT: Deutsche Gesellschaft für Psychoanalyse, Psychotherapie, Psychosomatik und Tiefenpsychologie e.V.

- Anteil der verhaltenstherapeutischen Anträge auf Richtlinienpsychotherapie für ≥65- Jährige: 0,2% (zitiert nach Linden, 1993, 1999)
- das Verhältnis von ≥60- jährigen Frauen zu Männern unter den Psychotherapiepatienten beträgt 3:1 (zitiert nach Heuft, 2006)

Text: Jacobi, F., & Harfst, T. (2011). Zum Behandlungsbedarf an klinisch-psychologischen Interventionen. Report Psychologie, 36(3), 111-113.

Altersgruppe: keine Angabe

Psychische Störung: keine spezifische Störung betreffend

Versorgungssektor: keine Angabe

Inhalt:

- psychische Störungen weiter verbreitet als in Behandlungsstatistiken ausgewiesen
- Bestehen erheblicher Unterschiede bzgl. der Behandlungsrate der
- verschiedenen Alterskohorten zulasten älterer Menschen mit psychischen Erkrankungen (GEK, 2007; vgl. Jacobi & Hoyer, 2008)
- „es kann von einem erhöhten verhaltensmedizinischen Bedarf ausgegangen werden - auch jenseits der Psychotherapie psychischer Störungen - " (S.3)

Text: Rattay, P., Butschalowsky, H., Rommel, A., Prütz, F., Jordan, S., Nowossadeck, E., Domanska, O., & Kamtsiuris, P. (2013). Inanspruchnahme der ambulanten und stationären medizinischen Versorgung in Deutschland: Ergebnisse der Studie zur Gesundheit Erwachsener in Deutschland (DEGS1). Bundesgesundheitsblatt, 56, 832-844.

Altersgruppe: 18 bis 79 Jahren

Psychische Störung: keine spezifische Störung betreffend

Versorgungssektor: stationär & ambulant

Inhalt:

- u.a. bei Ärzten für Allgemeinmedizin und für Psychotherapie eher homogene Altersverteilungen der Inanspruchnahme
  - Frauen höheren Alters: sinkende Inanspruchnahme u.a. im Fachbereich Psychotherapie
  - Männer höheren Alters: steigende Inanspruchnahme u.a. im Fachbereich Allgemeinmedizin
- kaum noch bestehende Unterschiede im Inanspruchnahmeverhalten zwischen neuen und alten Bundesländern
- Gesamtanteil der Inanspruchnahme ambulanter und stationärer Leistungen der Fachrichtung Psychotherapie (innerhalb der letzten 12 Monate) in der Altersgruppe der...
  - (1)...60-69-Jährigen: 2,0-4,8%
  - (2)...70-79-Jährigen: 1,2-3,9%
- BGS98[5] und DEGS1[6] im Vergleich (nach Altersadjustierung):
  - nur geringe Veränderungen in der 12-Monats-Inanspruchnahme
  - DEGS1: deutliche Zunahme der Inanspruchnahme bei den Allgemeinärzten von 70,9% auf 79,4%
  - DEGS1: signifikant höhere Inanspruchnahmeraten bei Fachärzten u.a. für Psychotherapie
  → Zunahme ist für fast alle Facharztgruppen v.a. durch ältere Menschen bedingt
  → Geschlechtsunterschiede der Inanspruchnahme verringern sich mit zunehmendem Alter

---

[5] BGS98: Bundes-Gesundheitssurvey 1998
[6] DEGS1: Studie zur Gesundheit Erwachsener in Deutschland (erste Erhebungswelle: von 2008 bis 2011)

- im Altersverlauf zunehmende Multimorbidität geht einher mit ...
  - (1)... steigender Inanspruchnahme einzelner Arztgruppen innerhalb eines Jahres
  - (2)... Anstieg der Kontakthäufigkeiten einzelner Arztgruppen
  - (3)... Zunahme der Kontakthäufigkeiten verschiedener Arztgruppen
  - → in der Gruppe der 70-79-Jährigen: bei vielen Leistungen keine weiterer Anstieg der Inanspruchnahme, sondern eher ein leichter Rückgang

Text: Robert Koch-Institut (2009). 20 Jahre nach dem Fall der Mauer: Wie hat sich die Gesundheit in Deutschland entwickelt?. Berlin: Robert Koch-Institut.

Altersgruppe: ≥ 60 Jahre

Psychische Störung: keine spezifische Störung betreffend

Versorgungssektor: stationär & ambulant

Inhalt:

- Konzentration der ambulanten Versorgung sowie der Inanspruchnahme ambulanter ärztlicher Leistungen auf den hausärztlichen Bereich
- Hausärzte üben zentrale Steuerungsfunktion aus
- ungünstige Entwicklung der Versorgungssituation älterer Menschen erkennbar anhand der Zahl der Hausärzte in Relation zur Zahl der ab 65-Jährigen → im Zuge der demographischen Entwicklung sind weitere Verschlechterungen zu erwarten
- Fokus auf bevölkerungsbezogener Dichte der ärztlichen und Psychologischen Psychotherapeuten ab 1999
- Zunahme der Zahl der Psychologischen Psychotherapeuten, v.a. in den neuen Bundesländern (2008)
- Bestehen eines großen West-Ost-Gefälles bzgl. der psychotherapeutischen Versorgungsdichte
- regional sehr unterschiedliche Strukturierung geriatrischer Versorgung in Deutschland

- geriatrische Versorgung „steht bislang nicht flächendeckend in ausreichendem bzw. dem zu erwartenden Bedarf entsprechend zur Verfügung" (S.9)

Text: van den Bussche, H., Niemann, D., Kaduszkiewicz, H., Schäfer,I., Koller, D., Hansen,H., Scherer,M., Glaeske, G., et al. (2013). Mit welchen chronischen Krankheiten ist eine Häufignutzung der vertragsärztlichen Versorgung in der älteren Bevölkerung assoziiert? - Eine Analyse auf der Basis von GKV-Abrechnungsdaten. Zeitschrift für Evidenz, Fortbildung und Qualität im Gesundheitswesen, 107, 442-450.

Altersgruppe: ≥ 65 Jahre

Psychische Störung: Demenz; Angstzustände; Depression; somatoforme Störungen

(psychisch mit bedingte Diagnosen: sexuelle Störung; Migräne/chronischer Kopfschmerz; Schwindel und gynäkologische Probleme)

Versorgungssektor: stationär

Inhalt:

- Ergebnisse vorheriger Studien: häufige Inanspruchnahme vertragsärztlicher Versorgung assoziiert mit psychologischen, psychosozialen bzw. psychiatrischen Störungen
- Ergebnisse dieser Studie: sehr hohe Wahrscheinlichkeit[7] der Inanspruchnahme einer Behandlung…
  - o (1) Demenz: … bei einem bestimmten Facharzt
  - o (2) Angst-, somatoforme Störungen, Depression: … bei vielen verschiedenen Fachärzten
- Häufignutzung der vertragsärztlichen Versorgung für Angst und somatoforme Störungen
- häufigere Inanspruchnahme von Hausarztpraxen bei Patienten mit kodierten psychiatrischen Diagnosen – im Vergleich mit somatischen Diagnosen – (zitiert nach Schneider et al., 2011)

---

[7] sehr hohe Wahrscheinlichkeit der Inanspruchnahme= höchstes relatives Risiko für Häufignutzung

Text: van den Heuvel, D., Veer, A., & Greuel, H.-W. (2014). Geriatrische Versorgungsstrukturen in Deutschland: Der Geriatrische Versorgungsverbund als bedarfsgerechte Weiterentwicklung. Zeitschrift für Gerontologie und Geriatrie, 47, 13-16.

Altersgruppe: ≥ 65 Jahre

Psychische Störung: keine spezifische Störung betreffend

Versorgungssektor: keine Angabe

Inhalt:

- keine einheitliche Versorgungslandschaft bzgl. geriatrischer Versorgungsstrukturen
- in Deutschland kaum niedergelassene geriatrische Fachärzte
- zukünftige Schätzungen: Zunahme der Fallzahlen in der Geriatrie um etwa 33%
- erstmalige Festlegung einer expliziten Vernetzungsstruktur im Bundesland Sachsen (im Rahmen des Geriatriekonzepts)
- geriatrische Versorgungskonzepte auch in den neuen Krankenhausplan (2013) des Bundeslandes Nordrhein-Westfalen übernommen

---

Text: Walendzik, A., Rabe-Menssen, C, Lux, G., Wasem, J., & Jahn, R. (2010). Erhebung zur Ambulanten psychotherapeutischen Versorgung. Deutsche Psychotherapeutenvereinigung, Universität Duisburg-Essen.

Altersgruppe: 21 Jahre bis Altersgruppe 81-90 Jahre

Psychische Störung: keine spezifische Störung betreffend

Versorgungssektor: ambulant

Inhalt:

- geringer Anteil an der psychotherapeutischen Behandlungsrate in der Altersgruppe der...
  - (1)...71-80-Jährigen: ♀ 1,3 % vs. ♂ 1,2 %
  - (2)...81-90-Jährigen: je 0,2 %
- Verhaltenstherapeuten wurden am häufigsten in Anspruch genommen in der Altersgruppe der...
  - (3)...61-70-Jährigen: 5,4%

- o (1)…71-80-Jährigen: 1,6%
- „die allgemeine Versorgungssituation mit Psychotherapie tendiert deutlich zur Unterversorgung" (S.120)
- Probleme bzgl. der Kapazität als Indiz für Versorgungsdruck
- bzgl. der Versorgungssituation bestehen alters- und geschlechtsspezifische Unterschiede
- unterproportionale Teilnahme an der psychotherapeutischen Versorgung:
  → ältere Menschen und Männer haben einen besonders geringen Versorgungsgrad mit Psychotherapie

Text: Weyerer, S., & Bickel, H. (2007). Epidemiologie psychischer Erkrankungen im höheren Lebensalter. Stuttgart: Kohlhammer.

Altersgruppe: bis Altersgruppe ≥ 75 Jahre

Psychische Störung: Demenz

Versorgungssektor: stationär & ambulant

Inhalt:

- geringer Anteil der Menschen mit psychischen Erkrankungen, die innerhalb eines Jahres eine psychiatrische Institution in Anspruch nehmen…
  - o (1)…im ambulanten Bereich: 1,4%
  - o (2)…im stationären Bereich: 0,5%
  - (zitiert nach Dilling & Weyerer, 1978, 1984)
- deutliche Unterschiede zeigen sich in diagnostischer Verteilung psychiatrischer Erkrankungen auf verschiedenen Versorgungsebenen aufgrund selektiver Inanspruchnahme
- Anteil der 75-Jährigen und Älteren mit psychischen Erkrankungen, die innerhalb eines Jahres einen Hausarzt in Anspruch nahmen: 100%
- Abnahme der Inanspruchnahme psychiatrischer Einrichtungen mit steigendem Alter (zitiert nach Dilling & Weyerer, 1978, 1984)

Text: Zank, S., Peters, M., & Wilz, G. (2010). Klinische Psychologie und Psychotherapie des Alters. Stuttgart: Kohlhammer.

Altersgruppe: ≥ 65 Jahre

Psychische Störung: Demenz; Depression; Angsterkrankungen; Anpassungs- und Belastungsstörungen; somatoforme Störungen; Substanzmissbrauch, Abhängigkeit und Sucht; Persönlichkeitsstörungen

Versorgungssektor: ambulant

Inhalt:

- Unterversorgung älterer Menschen
- Anteil -in psychotherapeutischen Praxen- liegt bei 1,5% (zitiert nach Heuft, 2006)
- Anteil -in psychosomatischen Kliniken- liegt bei 2% (zitiert nach Peters, 2008a)